品质经济

未来零售革命下的商业图景

刘强东 著

中信出版集团·北京

图书在版编目（CIP）数据

品质经济：未来零售革命下的商业图景 / 刘强东著. -- 北京：中信出版社，2017.12
ISBN 978-7-5086-3833-1

Ⅰ. ①品… Ⅱ. ①刘… Ⅲ. ①消费－影响－零售业－市场预测 Ⅳ. ① F014.5 ② F713.32

中国版本图书馆 CIP 数据核字（2017）第 234016 号

品质经济：未来零售革命下的商业图景
著　者：刘强东
出版发行：中信出版集团股份有限公司
　　　　　（北京市朝阳区惠新东街甲4号富盛大厦2座　邮编 100029）
承 印 者：北京画中画印刷有限公司

开　　本：880mm×1230mm　1/32　印　张：9.25　字　数：200 千字
版　　次：2017 年 12 月第 1 版　　　　印　次：2017 年 12 月第 1 次印刷
广告经营许可证：京朝工商广字第 8087 号
书　　号：ISBN 978-7-5086-3833-1
定　　价：58.00 元

版权所有·侵权必究
如有印刷、装订问题，本公司负责调换。
服务热线：400-600-8099
投稿邮箱：author@citicpub.com

目 录
contents

推荐序　中国正面临一场"品质革命"　周其仁 / V
自　序 / IX

第 1 章　品质消费时代来临　　001

消费新现象 / 004
从品质消费到品质经济 / 009
品质经济的背后 / 015

第 2 章　品质在时间的淬火中诞生　　023

质量沉淀为品牌 / 025
中国品质发展的酸甜苦辣 / 033
工业时代品质经济的缺陷和不足 / 040

第 3 章　从十节甘蔗到品质三角　　047

全面理解供应链 / 050
品质消费的特点 / 063

品质制造的特点 / 066
品质流通的核心 / 069
品质背后的精神驱动力 / 074

第 4 章　平台的定力与追求　　079

京东平台发展史 / 081
平台品控体系 / 089
平台的大数据资源 / 112
京东正品行货实践录 / 122

第 5 章　感知物流的温度　　133

物流"3+1" / 136
传统物流的痛点 / 140
京东是如何把痛点变优势的 / 146
物流智慧化 / 161
物流社会化 / 176

第 6 章　反哺和倒逼生产商　　179

保良币驱劣币 / 182
与上游分享效率红利 / 197

倒逼制造品质升级 / 207

助品牌商做大做强 / 218

助力农产品上行 / 223

第 7 章　提升和塑造新场景　　231

"三超"凝练超级动能 / 233

移动互联新场景 / 239

智能消费的未来 / 246

金融助力消费升级 / 255

第 8 章　砥砺前行，品质强国　　261

大国崛起的背后 / 264

京东的认知 / 268

发展品质经济的策略 / 272

推荐序

中国正面临一场"品质革命"
周其仁

教科书中的经济学有一个偏颇之处：老师们一代一代地教经济学，在黑板上讲需求定理、供给曲线，基本上都是两维的图，好像市场就是一个价和量的关系，价格高，需求的量就会少，反过来如果价格低，需求量就会大。经济学中这个简化的量、价关系影响了一些官员、厂家、经理和企业家。

首先，"量"成为衡量经济的一个主要指标，甚至唯一指标，变成考核地方之间竞争、考核政绩的唯一指标的时候，它的偏颇越来越大。事实上，GDP（国内生产总值）量的就是一个数字，这个数字是在假设商品品质都是好的，那么高速增长是有意义的。实际上，如果商品和服务的品质打了折扣，高速增长的那个速度也要打折扣，那个GDP赢家是不是真的赢了就是一个大问题。

其次，在企业竞争中，只强调价格战，这个竞赛的准则就又偏了。目前，中国市场上的赢家基本靠价格低、数量大。所以我们市场上杀出来的赢家和英雄里头，有非常好的英雄，也有带病毒的英雄。所谓带病毒的英雄就是虽然数量大，但产品含金量低，这成为中国经济提升品质的阻碍。

黑板上的两维世界和真实世界有比较大的差别。真实世界不只是需求和价格的两维，消费者买东西，不光是比价，更在意质，更在意使用价值，在意这个东西是不是可靠、耐用，有没有危害。尤其是现代消费当中，持久性的，或者关系到生命健康的产品，品质的问题非常重要。

不要光喊创新、炒新概念，我们现在生产的很多产品，要是品质改善一点，提升一点，就有巨大的市场。

问题是，现在的市场对品质出价了，现有产品的品质满足不了内需，看看国外代购、海淘流行，进口消费品猛增就可以明白，这中间的鸿沟有多么大。那些东西我们都不会造吗？大部分都会造，就是品质上差那么一点点，这一点点在当下的市场看来就差大了。中国人到日本，不光买马桶盖，连"白色恋人饼干"都每人限购5盒，真够难为情的。我去北京新光天地的地下超市，90%以上是进口货，阿根廷的水果、德国的猪肉，应有尽有，再不发动一场提升品质的革命，中国的过剩产能将越来越多。

我们的消费品市场正面临一场"品质革命"，谁带这个头，谁就能上去。中国光中产阶层就几亿人了，而据我观察，我们都低估了中国消费者对品质的要求。

所幸的是，政府也注意到了这个问题。2016年《政府工作报告》中写道："改善产品和服务供给要突出抓好提升消费品品质、促进制造业升级、加快现代服务业发展三个方面。鼓励企业开展个性化定制、柔性化生产，培育精益求精的工匠精神，增品种、提品质、创品牌。"

对我们产业界来说，下决心做好产品品质是很大的挑战，不仅是成本问题，企业的队伍、员工、产品标准、生产流程、企业文化等，做惯了廉价品就一条道走到黑，要扳过来非常困难，所以死后重生也是一个办法，否则可能改不动它。

在提升品质的过程中，流通环节起到重要作用。如果是很好的东西，消费者购买不到，当然需要有一些现代的商业技术、品牌营销手段克服这种困难。中国经济今天主要的问题，不光是做品牌的这些产品和这些企业，哪怕很多领域对品牌不敏感的产品，产品的品质也存在很大的问题，恐怕最重要的问题就是通过流通提升品质的问题。

当前我国提升品质的过程中，流通是远远没有达到品质流通的要求的。正是因为流通环节的薄弱，造成向上的生产环节和向下的消费环节无法形成有益的正向反馈，使得整个经济体从规模上到能力上，都无法达到品质经济的正向促进作用。

  我自己还是很希望以后能继续在京东购物的。刘强东先生和京东团队，在品质流通方面进行了卓有成效的实践。在这本书里，我也看到很多案例和经验总结，相信对有志于提高品质的企业家和政府机构来说，一定能有所启迪。

自 序

在过去的13年里,京东的年均复合增长率超过150%,交易额增长了9万倍。在过去的12个月里,京东的GMV(销售额)超过了万亿元。在2017年《财富》世界500强中京东排名第261位,比上年前进了105位。人家说内行看门道,外行看热闹,关于京东的各种看法非常多,但说实话,真正懂我们的还是很少。

京东自创立之初就坚持对假冒伪劣商品"零容忍",倡导"正品行货"理念,我们在电商市场乱象丛生的年代赢得了口碑和信誉,引领了品质消费的潮流,尤其在近几年品质电商逐渐兴起的过程中持续发力,释放出"品质化、品牌化"所带来的巨大势能。目前,京东已成为中国线上线下最大的零售商,服务中国亿万家庭和十几万品牌商,联手腾讯打造全球独有的社交电商新模式。

改革开放近40年,我国稳定解决了十几亿人的温饱问题,总体上实现小康。人们在消费中越来越重视商品

品质经济
未来零售革命下的商业图景

品牌、品质和体验，重视多样化的精神滋养和文化追求。我们强烈感受到，中国品质消费的时代已经到来。正如十九大报告指出，我国社会主要矛盾已经转化为人民日益增长的美好生活需要和不平衡不充分的发展之间的矛盾。品质流通是品质经济循环得以形成的关键，也是支撑品质经济的重要支点。不同于工业时代生产驱动的供应链，互联网时代是消费者需求驱动的供应链，最终，消费者会融合在整个价值链条的各个环节，与企业一起创造价值。

我们还有另一个重要的认识：零售业将迎来"第四次零售革命"。这场革命变革的不是零售，而是零售的基础设施。零售的基础设施将变得极其可塑化、智能化和协同化，推动"无界零售"时代的到来，实现成本、效率和体验的升级。过去消费者都知道京东商品好、服务好，用户体验非常棒，但是对技术没有更多的感知。我相信随着我们对技术研发的持续投入，会有更多让消费者直接感知的前沿技术不断出现，带来"机器比你懂你""随处随想""所见所得"的体验升级。今天服务于京东体系的功能业务未来会逐渐模块化、市场化，从一体化走向开放。同时，各个模块之间的组合又会极其灵活，可以像积木一样进行适应性建构，满足合作伙伴差异化的需要。我们会与整个行业一起推动效率、体验的升级，共同构建未来的零售生态。

从宏观层面看，面对环境压力、产能过剩等危机，中国经济现在正面临重要拐点，正如周其仁先生所说，经济下行逼迫我们进行品质升级，需要启动一场中国的品质革命。不讲究品质的社会现象由来已久，原因复杂，但是现在的形势逼着我们必须面对这个问题，逼着企业家们要从价格战向品质战转型。品质经济是解决当前中国经济难点问题的钥匙，是中国经济的升级版，也符合供给侧改革的方向，将在大国崛起的历程中起到压舱石的作用。

前一段有关"虚实经济"之争炮声隆隆，让我们对互联网产业和传统经济之间的"冲突"忧心忡忡。争论的本质是什么？就是互联网和制造业能否形成合力的问题。俗话说，合则两利，分则两败。如果能够形成合力，中国经济将升级为品质经济，向上提升；如果形不成合力，中国产品依然只能拼价格战，中国经济潜在增速无疑将会继续放慢。京东自成立以来，我们始终不忘初心，秉承"科技引领、正道成功"的企业发展理念，不断提高供应链绩效和透明度，最大限度地消除上下游的信息鸿沟，增加产业链价值，并努力将京东打造成数字经济与实体经济的创新融合体。

我们要结合时代背景和国情，汲取教训、少走弯路。推动国民经济的主导产业实现"品质制造"、"品质流通"和"品质消费"的良性循环，在全社会构建起品质供应链和品质经济体系，实现中国制造向中国创造转变、中国速度向中国质量转变、中国产品向中国品牌转变。在中国经济品质化发展的过程中，如果能有京东的贡献，我们将无比自豪，甚至超过我们自己在商业上的成功！

第 1 章

品质消费时代来临

2017年6月18日是京东13岁的生日，在中国经济长足发展的大背景下，京东成长为一家世界500强企业。13年来，我们砥砺前行，参与并推动着中国经济的发展，为品牌的崛起和消费的升级不断创造着价值。我们一直身处中国零售业变革的前沿，经历了互联网对传统经济的改造，也看到了很多问题：在消费升级的大潮中，很多中国企业显然没有跟上时代的步伐，中低端产品过剩、高端产品不足、生产体系与消费需求的不匹配等是诸多行业面临的突出问题，产品质量、品牌塑造一直与我国经济发展相脱节。我们时刻思索着对于行业和社会的担当，也去勾勒未来，去审视成长的烦恼。我们思考的结果是：品质经济是中国经济的升级版，也符合供给侧改革的方向。

消费新现象

2008年国际金融危机以来，中国经济经历了短期波动后进入结构性调整阶段，从2012年起，由超高速步入了中高速增长通道，经济结构与增长方式发生了较大变化，被称为新常态。"三驾马车"中投资与出口对经济的贡献度逐年下降，消费逐渐成为推动经济增长的最大动力。商务部数据显示，2016年消费对经济增长的贡献率达到了64.6%。与此同时，也诞生了一个亮眼的词汇："新消费"。

消费之新，首先在于新型消费方式的崛起。作为新型消费的领头羊，电子商务增势强劲。商务部数据显示，2016年，中国网络零售交易额达5.16万亿元，同比增长26.2%，是同期中国社会消费品零售增速的两倍多。其中，实物商品网络销售交易额近4.2万亿元，占同期社会消费品零售总额的12.5%，占比较上一年同期提高了近2个百分点。

消费之新，还体现在消费理念的提质升级。国人生活水平的大幅度提高，境外消费迎来了前所未有的新机遇，中国国民正以惊人的出境消费增长速度与消费热情为全球消费市场提供着无限动力。世界旅游组织（UNWTO）数据显示，2016年，我国境外消费总额为2610亿美元，同比增长了12%，占总消费额的20.9%；出境旅游的游客数量同比增长6%，达到1.35亿人次。

抢货：从奶粉到马桶盖

从商品品类上看，中国人境外"抢货"目标不断迭代：2012年掀起了奶粉抢购潮，使得美国、英国、中国香港等地纷纷出台奶粉限购政策。2013年、2014年出境购买奢侈品成为消费主流。2015年春节，传说中的马桶盖登场。在日本售卖的马桶盖并不便宜，售价在2000元人民币左右，它有抗菌、可冲洗和座圈瞬间加热等功能，并且适合在所有款式的马桶上安装使用。有消息称，日本某商场一小时大约就会卖掉50只马桶盖，其中绝大部分由中国人买走，有的中国游客一次会购买三四只。因此只要有中国游客来，日本的免税店很快就会卖断货。不仅马桶盖，电饭煲、吹风机、电动牙刷等日用品也竞相成为热捧的对象。2016年以来，感冒药、纸尿裤、化妆品等日常消耗用品又成为新的抢购目标。

追求品质成为潮流

出境消费数据显示，近几年，在境外购买奢侈品箱包的国人数量变化并不大，购买iPhone（苹果手机）等电子产品的人数开始减少，而高品质日用品的购买人数却持续增长，奢侈品已不再是追逐的重点，一些轻奢、新兴及中档品牌逐渐进入购买行列。"奢侈品消费"转向"品质消费"，不仅说明国人如今越来越会生活，更预示着一个消费行为更加成熟的中高收入阶层正在形成。他们已经从追求奢侈品牌转变为享受品质生活，他们是理性消费的中坚，不易被广告洗脑，他们的消费主要投向更耐用、更安全、更舒适的高品质商品。同时，他们也很关注商品的服务品质和服务体验，愿意接受新技术。

电商消费新特征

根据京东数据，26~35岁的80后年龄段用户占比很高，是电商消费的主力人群。这个消费群体与自工业革命以来的各代消费群体有很大的不同，其消费特点是对国外品牌接受度高、注重商品品质、重视多元的精神和文化体育消费。

中国互联网信息中心的研究也显示，37.4%的网购消费者认为自己会因为商品的品质而忽略价格，有51%的网购消费者会品质、价格并重，仅有11.6%的消费者会因为价格而选择略微牺牲品质。

品牌价值得到凸显

对于处于信息弱势的消费者来说，在购买前判断商品品质的依据是什么呢？一个很重要的依据就是品牌知名度。知名度越高的品牌，越能得到消费者的青睐。麦肯锡《2016年中国消费者调查报告》显示，中国消费者对品牌的忠诚度在不断提高。在每个品类里面，越来越多的消费者只关注少数几个品牌，甚至一个品牌，也就是"品牌短名单"。可喜的是，部分品类中的国产品牌也越来越多地得到了国人的认可。京东数据显示，2016年手机销售额最高的20个品牌中，有17个品牌是国产品牌，在手机整体销售额的占比达 55%；冰箱销售额最高的 20 个品牌中，有 15 个品牌是国产品牌，在冰箱整体销售额的占比高达 75%；国产品牌电视销售也增长强劲，平板电视销售额最高的 20 个品牌中，有 13 个品牌是国产品牌，在平板电视销售额的占比达 74%。这些研究都说明，品牌，包括国产品牌已经成为网购消费者的主要决策依据。

关注用户口碑

对于不太知名的品牌，网购消费者做出购买判断的另外一个重要依据是用户口碑，也就是"看看别人怎么评价的"。甚至对于知名品牌，许多消费者也不再一味地盲目崇拜和迷信，也要比比看看。在传统的流通渠道里，消费者了解其他用户的评价并非易事，在互联网时代却轻而易举。因为大多数的网购消费者能够如实地对产品做出评价，不会因为卖家的要求而改变自己的看法。所以，使用过该产品的人所讲的故事、做出的评价、上传的图片和最终的评分都能够提升或降低浏览者对一个品牌的信任感。京东数据显示，用户评论对购买的影响非常明显。以"影音娱乐"类目为例，对评论高度敏感的网购人群为 31%，轻度敏感的占 20%，合计超过了 50%；购买空气净化类产品的用户中，对评论不敏感的只有 27.09%，大部分人会显著地受到他人评论的影响。其他类目也有同样的现象。

服务成为产品不可分割的一部分

以产品为核心的服务是完整地传递企业的价值主张、解决用户问题的重要环节,是企业责任心的外延,是企业信誉的体现。所以,在现代经济社会中,服务已经成为产品不可分割的一部分,尤其是体积和重量比较大的商品,或者涉及安装和调试的复杂商品,或者比较昂贵的产品,能否妥善地送货上门、安装到位、调试好并提供完善的售后服务,直接影响到用户的购买决策、购物体验和品牌忠诚度,对产品的销量也有显著的影响。在有些时候,消费者甚至可以允许产品存在一些因为技术发展的局限性而导致的不足,但是需要企业能够提供及时的服务作为"补偿"。

正是认识到产品和服务的不可分割性,京东推出了"一键售后""售后到家""上门换新"等创新服务。以"一键售后"为例:之前,用户在电商平台提交售后服务单,要填一堆信息,选择理由、选择分类,退款还要自己算退多少钱,非常复杂。其实客户的需求特别简单:有问题了,你帮我解决,我只要结果。这一点,京东的"一键售后"做到了。客户描述完问题后,点一下提交,后面的所有流程都由售后人员去跟进,给出满意的结果。

增值服务类的需求大增

越来越多的消费者不仅关注产品所附带的一些免费服务,甚至愿意自掏腰包购买更多的增值服务,比如手机的"一年碎屏保修"、电脑的"无理由2年保修"和抽油烟机的"厂商延保1年"等等。消费者之所以愿意增加费用购买更多的服务,不是因为产品的质量更差了,而是因为他们对产品使用体验的要求更高了,期望得到更高的效用或享受。京东商城目前已在数码、家电和办公用品等多个品类推出了收费的增值服务,销售情况良好。

【案例】京东的"退换无忧"

网购的退货成本是一个容易引起争议的环节。一些友商向消费者推销"运费险",并承诺"7天之内退款",都属事后赔付。所以,客户得先垫付,找快递寄出去,卖家收到退货后再退还运费和货款。京东的"退换无忧"则是只要在15天之内发生了售后服务,京东直接安排免费取件,取件的时候直接退还货款。"退换无忧"上线之后,每天的单量超过了10万单,"双11"当天超过了38万单,受到消费者追捧,大大提升了消费者的网购体验。

从品质消费到品质经济

新的消费需求必然给商品的生产和流通体系带来新的挑战,其核心是如何以足够低的成本和海量消费者建立联系、挖掘消费需求,针对消费需求制造出高满意度的商品。互联网等新技术的兴起给新商业系统的转型提供了契机,新技术有效缓解了生产、流通环节与消费需求的剪刀差，使品质消费从理想走向现实。

"互联网+"深刻影响着企业生产和人们的生活方式，带来了新的商业文明。移动互联网、云计算、大数据、人工智能等一整套信息技术在经济、社会、生产、生活各部门的深度融合和应用，不仅是物理意义上加其他行业，而且要引发传统行业转型升级的化学反应，通过要素重组革新行业运行规则。互联网首先通过改变信息的传输方式和效率，打破了商业交易中的信息不对称，改变了买卖双方之间的格局，从而引发了从交易场所到传播环境、买卖关系等一系列的变化。美国的工业互联网、德国的工业4.0是用互联网改变供应和生产方式，中国的"互联网+"与之不同，它从消费者出发，在人与人、人与物、物与物连接产生的数据爆炸式增长的基础上，从数据中重新挖掘消费行为规律，重组产业链，获得产业的定价权。

品质消费是对传统消费从产品、服务到体验等一系列的改造升级，最终扩散到整个社会经济体系，从而形成一个品质经济系统。京东的实践恰好证明了品质消费推动品质经济形成的过程。

一是品质消费推动流通变革，再传导到生产制造环节。在工业时代，标准化生产环境下，产品的好坏只能通过功能性这一维度来对比，进入互联网时代，消费者的个性化需求得到解放，在这种趋势下，消费者不再满足于基本的功能性需求，开始要求更好的体验和服务，电商平台应运而生，电商平台基于消费数据驱动企业生产符合消费者需求的个性化商品，从而获得很强的市场竞争力。

二是品质消费由核心消费人群向其他人群扩散，从点到面向社会扩张，并由消费层面扩展到整个社会服务。根据京东数据，白领、学生、教师和一般职员是网络消费的核心人群，但近年来一个非常明显的趋势是消费品类多元化、消费品质关注度的提升和农村网购市场的崛起，说明品质消费的社会化进程正在加快。

三是品质消费从东部区域到西部区域、由单个区域到多个区域扩散。京东消费数据显示，从区域上看，一线城市的网上超市发展迅猛，食品饮料、个护化妆、母婴等百货商超品类开始取代服饰与数码产品、手机，成为销量最大的品类；二三线城市互联网消费市场与一线城市的差距正在缩小，消费能力和购买力潜力正在显现。三线以下的中小城市和乡镇虽然没有一线城市多元化和全品类的电商消费，但在部分品类上如家电、通信产品等大宗物件上，其消费实力直逼一线城市。

抢购马桶盖就是这种品质消费的体现。海外购物的消费者如是说："国外日用品的价格虽然略高于国内同类产品，但是质量确实比国内要好，用着放心。""国外买的保温杯，杯盖有安全锁扣，密封效果就是好，不像国内的某些产品用了一段时间就漏水。""国外买的纳米水离子技术吹风机吹过的头发果然蓬松顺滑，人家是真的纳米水离子技术，而不像国内一些企业瞎吹。"……诸如此类。

我们不能谴责这些消费者崇洋媚外，因为国内的产品确实无法满足人们提升生活品质的需求。因此我们必须静下心来，好好思考，如何在新时代下构建一套品质经济系统，来保证人们品质消费和生活的需要。从京东的实践来看，满足人们的品质消费需求有三个核心要素：质量、品牌和体验升级。

产品质量

质量是产品形象的基础，没有好的质量保证，过多的市场营销只会适得其反。长期以来，中国消费市场形成的价格战竞争规则值得深思，很多企业宁愿牺牲产品质量也要让价格站得住，其结果是虽然价格便宜，但是不耐用，从消费周期看这种低价质次的商品是非常贵的东西。中国1亿以上的中产阶层每年会创造5万亿美元的消费市场，质量因素在他们购买决策中的比重远大于价格。企业应该将创新与精益求精的工匠精神更好结合，争做标准的领跑者，在追求高标准中创造更多优质供给，更好地满足消费升级需求。

就一个企业而言，质量是对一种产品（包括工业产品、农业产品和服务产品）从研发、制造、检验、售后整个过程的管理和控制，可分为三个位阶：第一个位阶，就是站在产品现有标准的角度，通过管控保证生产线制造出符合现有标准的产品。这也是最常用到的"质量"概念。我们通常说，一个产品合格不合格，也就是通过检验手段，把产成品和现有标准进行比较得出的结果。第二个位阶，就是站在满足客户需要的角度，研发、设计新的产品，或者开发新的功能，并随之产生新的标准。我们说日本产品质量好，可能就是它的一项或多项新的功能满足了我们的需要。第三个位阶，就是超越消费者的需要，前瞻性地开发新的产品。以往我们对国外产品质量的推崇，常常就是其产品的功能总是能给我们带来意想不到的惊喜。与第一个位阶相对应的企业我们可以称为合格企业，与第二个位阶相对应的可以称作优秀企业，与第三个位阶对应的可以称为卓越企业。永远在追求卓越的道路上，永不停歇，不断超越自我，持续挑战极限，把创新和质量提升作为核心价值的企业是伟大的企业。

品牌塑造

著名营销学家菲利普·科特勒给了品牌这样的定义：品牌是一种名称、术语、标记、符号或图案，或是它们的相互组合，用以识别企业提供给某个或某群消费者的产品或服务，并使之与竞争对手的产品或服务相区别。品牌实际上是一个企业或其产品在消费者心目中得到的一种认知和认同。品牌为企业带来了几十甚至几百倍于产品制造价值的附加值。品牌竞争力的高低决定了企业生存和发展的能力，是市场竞争中最有力的战略武器。如苹果、麦当劳、可口可乐等，它们已经能够代言它们所在的行业。因此，出色的品牌，对于国家、城市或是企业的发展至关重要。

在《福布斯》杂志发布的 2016 年度全球最具价值品牌排行榜中，上榜品牌来自 16 个国家、19 大行业。来自美国的公司占据了榜单的半壁江山，达到了 52 家，其次是德国（11 家）、日本（8

家）以及法国（6家）。前一百名都没有中国品牌。

习近平总书记在河南考察时提出，要努力推动"中国制造向中国创造转变，中国速度向中国质量转变，中国产品向中国品牌转变"。"十三五"规划要求加强商标品牌法律保护，打造一批有竞争力的知名品牌。一方面，企业为提高市场集中度，更加重视产品和服务的质量，从而增加有效供给，促进供给侧结构性改革。另一方面，品牌作为在消费者中具有独特地位和形象的标识，不仅具有使用价值、交换价值，更具有最重要的符号价值。因此，差别化主导的竞争本质上就是品牌主导的竞争。做精中国品牌，助推中国经济战略转型，是推动创新发展的立足点和动力源泉。做优中国品牌，发挥品牌引领作用，是推进中国企业迈向国际产业链中高端、进一步增强话语权的必然选择。

体验升级

消费者的体验升级也是品质提升的一个重要方面。消费体验升级不仅符合消费升级的潮流，而且还在消费过程中赋予产品新的文化内涵，从而极大提升用户满意度。以啤酒为例，世界总的啤酒消费量在逐年下降，自2014年以来，中国啤酒销量持续下滑，而精酿啤酒消费量却在逆势高速增长。据荷兰合作银行发布的调研报告显示，全球啤酒市场呈现高端化的发展趋势，高端啤酒销量增长了160%，占啤酒市场总销售量的4%及利润的18%，精酿啤酒已在啤酒市场中占据了一席之地。美国精酿啤酒经过数十年发展，已经占据全美啤酒销量的 10%，而且除了 2800 家已注册的精酿酒厂，还有超过 50 万"散户"会在自己家里酿啤酒，其中也包括美国前总统奥巴马。精酿啤酒已形成了深厚的文化根基和稳定的铁杆用户。国内精酿啤酒市场的成长与国内消费升级的趋势密不可分。近几年，大跃、悠航、熊猫精酿等精酿品牌不断涌现，各种精酿啤酒屋也越来越多地出现在大街小巷。

品质经济

综上，品质经济是从品质消费传导到流通和生产环节，从产品、服务到体验全方位提升社会服务系统的质量和效率，以合理的经济结构、高效的资源配置，保障人们健康丰富的物质文化生活，实现和维持人们品质生活的经济形态。从需求端看，消费需求由基本的功能型商品逐渐转向具有愉悦购物经历和良好体验的高品质、品牌型商品；从供给端看，政府要引导产业和企业更好地利用土地、劳动等资源，以科技创新驱动产品的设计、生产、服务，极大提升要素生产效率，在保证产品质量的基础上，塑造独特品牌和文化，提高用户满意度。

品质经济的背后

随着经济的发展，人们的消费会随着收入的提高逐渐由追求数量和质量过渡到追求品位和风格，从数量、质量购买阶段过渡到感性购买阶段，开始进入品质消费时代。

从性价比到效价比

  品质消费是否意味着消费者要花更多的钱？实际上，价格的高低仅是消费的一个方面，过去在消费领域谈得最多的是性价比，即商品的性能值与价格值比，许多人把性价比看成选购商品的一个重要指标。性价比高也往往被认为是"便宜""划算"的代名词。在品质经济时代，消费者的习惯已经逐渐从追求性价比到追求效价比，即在一定的场景和时间内，最大限度地满足消费者的需求，带来良好的体验。性价比高的商品未必是给消费者带来效用最大的商品，比如某酒店的一个性价比很高的房间，虽然价格便宜，但是可能居住体验并不好，一个很便宜的化妆品，可能对皮肤产生很多副作用。从长期成本和潜在风险来看，价格便宜的商品其实是最贵的。因此，需要从成本、风险和效用的角度综合来看消费行为的变化。品质消费的商品虽然相比廉价商品价格高，但是实现的效用价格比更大，资金的利用率更高，由此更容易获得消费者的青睐。

  效用是指消费者消费商品获得的满足，是消费者对商品的主观评价。这种满足包括实用性的物质上的满足，称为"实用性效用"，也包括精神上的满足，称为"炫耀性效用"。

  实用性效用主要是说商品具有的满足消费者某种实际需要的能力，这种需要主要是物质或服务上的满足。商品的实用性效用是商品本身具有的客观存在的能力，可以采用物理、化学等科学方法准确测量。

炫耀性效用是商品在满足真实需求之外附加的社会地位和财富身份的符号。凡勃伦认为：要获得尊荣并保持尊荣，仅仅保有财富或权力还是远远不够的，还必须能够提供证明，因为尊荣只能通过这样的证明得来。为了持续得到别人的尊敬，个人必须展示其财富。因为只有在明确展示财富时，个人才会受到尊敬。相对价格具有较好的显示功能，且相对价格越高就越能显示购买者拥有较高财富，因此对相对价格较高的商品的消费能够得到较高的虚荣效用。

品牌附加给人们自尊和优越感的心理满足程度就是炫耀性效用的体现。品牌商品的炫耀性效用大大超过了其实用性效用，消费的更多的是"品牌"背后的故事和情感，再进一步是故事和情感所代表的身份和地位，这种"非实用性"是纯粹的商业附加值，即对拥有者的社会地位的标榜和肯定。而品质消费不会过分地追求这种炫耀性效用，而是关注商品本身的实用功能能够得到保障，所以倾向于选择"品牌"，因为这种选择付出的成本更低。

品质消费不仅仅局限于功能上的满足和希望得到品质的保证，这种商品能否超越产品功能给人们带来某种感官、情感或情绪上的满足也越来越重要。追求感性消费已经逐渐成为一种潮流。这种价值的转换在消费者从数量、质量购买阶段过渡到感性购买阶段时，就成为可能。消费者有能力进行这种感性的购买，即消费者愿意为体验买单。阿尔文·托夫勒在其名著《未来的冲击》中富有远见地指出：未来经济将是一种体验经济，未来的生产者将是制造体验的人，体验制造商将成为经济的基本支柱之一。

美国学者约瑟夫·派恩与詹姆斯·吉尔摩在合著的《体验经济》一书中认为：体验经济是继农业经济、工业经济、服务经济之后的第四经济发展阶段。作者认为：企业以服务为舞台，以商品为道具，以消费者为中心，创造能够使消费者参与、值得消费者回忆的活动。在消费者参与的过程中，记忆长久地留住了对过程的体验。如果体验美好、非我莫属、不可复制、不可转让，消费者就愿意为体验付费。根据以上分析，我们认为，在品质消费时代，性价比开始向效价比演变。效价比计算公式如下：

$$效价比 = \frac{效用 \times w_1 + 品牌 \times w_2 + 体验 \times w_3}{P}$$

根据品质消费的效价比计算公式，一件商品给消费者带来的效用主要取决于三个方面：商品的效用、商品品牌（文化内涵）、购物使用体验。效用体现了性价比中的"性能"，或者说使用价值，反映了实用性需求；品牌则反映了炫耀性需求或消费者独特偏好；体验贯穿于整个消费过程之中，对实用性需求和炫耀性需求都存在一定影响。w_1、w_2、w_3为三个因素的权重，三者加权和与商品价格之比即效价比。值得注意的是，权重系数由每个消费者的自身特点、偏好、所处场景决定，不同消费者或者同一消费者在不同场景下，权重系数可能有所不同。

品质消费者更关注商品本身的质量以及品牌背后的文化，愿意为降低其他消费风险付出一定成本，从而充分满足自己的实用性要求，不过分追求炫耀性效用，实现整体效用的最优。

传统的生产型社会逐步转变为品质消费社会，居民的消费观念和消费行为都发生了巨大的变化，消费方式正逐渐成为社会地位和文化身份的象征。

从耐用性到场景性

2016年以来，市场环境正在发生翻天覆地的变化，消费新生代由80后转向90后，作为一个独特的消费群体，他们的喜好、心理特征以及消费意识都会影响消费的方式和潮流趋势。他们生长在互联网时代，在生活和消费方面，更在意网络群体或社群的意见与观点，习惯于参考网络群体中的品牌效应、朋友推荐、网络口碑制定消费决策。

从消费心理上看，新生代消费群体喜欢追求时尚新颖和个性化，同时具有较强的炫耀和攀比心理。他们崇尚多元化的消费方式，更愿意为快乐花钱，会为买到新鲜有趣的产品而欣喜不已。他们选择商品的侧重点也远远超越了耐用性和物质性，而是很大程度上受到消费场景的影响，更在意当时心理和精神上的愉悦和满足。

在购物平台上，缺钱是常有的事，如何满足用户这个硬性需求呢，于是就产生了场景化金融。一方面，电商可以根据用户的购物记录，对其进行信用评级，让信息流场景化，让风险定价更加精确，让长期积累的数据转化成有用价值；而更为重要的是，场景化使得整个销售过程充满画面感，不仅能有效提升用户体验，同时商家能够和用户很好地沟通，快速促成交易。

以京东白条为例，用户在京东看上了一台苹果电脑，可是还没发工资，即便是发了工资，还要把生活费留出来，怎么办？"亲，先打个白条吧，电脑先用着，钱可以慢慢还"，这就是场景化需求。用户在京东购物，是怀着购买正品品质的心情而来，而白条又解决了他隐含的纠结痛点，这便是场景化解决方案。白条，正是京东场景化金融的代表之作。白条不仅能用于京东商城购物，而且通过与多方的跨界合作，成功走进京东体系外的更多消费场景。

本质上看，场景也是一种心智影响力，在碎片化的移动场景时代，人们的认知不断发生变化，从传统广告、线下商场到明星代言、线上熟人推荐，任何信息内容的触动都可能引发消费决策选择的变化，消费者不再按照过去既定的路线选择商品或服务，而是按照移动场景引起的共鸣来选择消费。比如以前大家在谈论选择酒店的时候，往往都是在比较硬件、服务等功能性属性，聪明的酒店运营会另辟蹊径，从情感沟通的角度为顾客全方位打造适合的服务场景：有恋人的"浪漫定制房"，有好闺蜜的"闺蜜定制房"，还有为"熊孩子"家庭准备的"亲子定制房"，看似单一的场景化服务，却涵盖了人的一生中最重要的三个场景。通过场景定制打造的产品，为人与酒店、人与人之间建立了连接，酒店不再是冷冰冰的房间，温度悄然而生。

品质消费逐渐成为个体定义自我形象和他人形象的一种方式，成为人际沟通的媒介，商品不仅仅提供实用性功能，也包含了消费者的个人品位。所以消费者进入象征的领域，展示自己的与众不同不一定要通过拥有昂贵的物品，也可以把很平凡的便宜的物品变成一种独特的品位。所以，品质消费并不是炫耀财富和地位，而是通过有教养、有品位的消费微妙地展示出其社会地位。

在品质消费时代，人们的消费方式已然发生重要转变，在不同场景下根据商品的品质、品牌、体验选择对自己效用最大的商品组合，成为新时代品质消费的最突出特点，从这个逻辑来看"抢购马桶盖"现象，就不足为奇了。

第 2 章

品质在时间的淬火中诞生

寻找中国发展品质经济的路径，不妨从他山之石开始。当前德国、日本、美国等国家可以视为品质经济的高峰，它们发展品质经济的源头在哪里？透过这三个国家的工业化发展历程可以发现，它们在质量提升方面有一些共同之处，那就是以时代背景与实际国情为牵引，由供给侧主导和生产商推动，并且有政策制度的保障和引导，进而在质量提升和品牌塑造方面取得了巨大成就。但是，工业时代也天然存在着发展品质经济的缺陷和不足，需要一套全新的品质经济生态系统来解决这些问题，而互联网为此提供了品供一体化的解决之道。

质量沉淀为品牌

1871年，德国实现统一，德意志帝国建立，此时的世界市场几乎被列强瓜分完毕。在夹缝中求生存和发展的德国人开始仿造英、法、美等先进国家的产品，企图低价冲击市场。1876年，在美国费城举办的世界博览会上，价格督查、机械制造专家若洛克斯对参展的德国商品做出"价廉而质劣"的评价。这一毁灭性评价在世界各地不胫而走，对德国工业造成了沉重打击。英国人对德商的卑劣行径也忍无可忍，掀起了抵制德货的运动。迫于民众的压力，英国议会于1887年4月23日通过了一个带有侮辱性的商标法条款，规定所有从德国进口的产品都须注明"made in Germany"（德国制造）的字样。

日本经济在"一战"前已具相当规模，但"一战"后日本逐渐脱离国际社会进入独立发展期，其生产管理也与其他技术一样中断了与外国的交流。至"二战"前，日本的生产管理水平已落后于欧美，加之战时大批熟练工人被征入伍，使劳动力质量更加低下。"二战"后初期，日本产品在世界市场上几乎与"劣质品"是同一名词。"日本制造"往往意味着"质量差的便宜货"，在国际市场上根本没有什么竞争力。

事实上，发展品质经济、塑造品牌没有简单快捷的路径，德国和日本提升产品质量都有一把辛酸泪，都是在时间的淬火中才获得涅槃。

"德国制造"享誉世界

英国对德国产品的抵制和惩罚，极大地刺激了德国人，引起整个国家和民族的彻底自省和反思。他们认识到，若洛克斯教授当年给德国企业"用质量去竞争"的建议是完全正确的。在此后的十余年间,绝大多数德国企业遵循若洛克斯的这一教诲,严把产品质量关,时时、处处、事事重视质量,从细节上关注质量,设计上又勇于创新,技术上不断进步,再加上德国工人的吃苦耐劳和严谨认真,至19世纪末,德国多数商品在世界市场上已摆脱了"价廉而质劣"的名声。

依靠严格的质量管理制度,"德国制造"开始走向世界。德国产品质量信誉的背后,不仅是现在众所周知的质量问题召回制度,更重要的是德国在加强出口产品安全管理方面所依赖的一整套管理机构、法律法规、行业标准以及质量认证等制度体系。德国出口产品安全管理的指导理念是"流程决定结果"。为了保障最终出口产品的安全,德国建立了一整套独特的"法律—行业标准—质量认证"管理体系。在该流程中,质量认证机构有着相当关键的位置,严格的质量认证制度在创造"德国制造"声誉的过程中功不可没。

如今,德国的机械、化工、电器、光学,直到厨房用具、体育用品等都进入世界上质量最过硬的产品之列,"德国制造"成为质量和信誉的代名词。德国最有名的公司几乎都是从那个时代成长起来的,直到今天都维持着世界性的声誉。

在德国众多中小型企业中隐藏着一批无名英雄,它们被称为"隐形冠军"。

"隐形冠军"这个概念由德国知名管理大师赫尔曼·西蒙教授

首次提出。他对"隐形冠军"做了三个定义：第一，该企业所经营的产品在世界市场排名中不能低于前三或者大洲第一；第二，年营业额不超过 50 亿欧元；第三，企业的知名度相对较低，不为普通消费者所熟悉。全球 2700 多家"隐形冠军"中，德国就有 1307 家，占总数的 47%；美国有 366 家，位列第二。

这些企业相对较小、鲜有人知，却在各自的行当中充当世界领头羊的角色。德国"隐形冠军"企业并不局限于少数领域，而是遍布各行各业。如果按照行业来分类，工业产品占 69%，消费类产品占 20%，服务型产品占 11%。其中工业产品又可细分为：机械制造占 36%，电子行业占 12%，金属加工占 11%，化工类占 7%。与之相反，而美国局限于军火制造，俄罗斯局限于军火制造和天然气业，澳大利亚只有采矿业，韩国和日本则依赖于电子产品和汽车制造。

世界品牌实验室发布的 2016 年"世界品牌 500 强"排行榜入选国家共计 28 个，德国有 26 个品牌入选，这里面可能有许多"隐形冠军"没有包含进去。

日本的"全面质量管理"

20 世纪 50 年代初，当日本产品走向国际市场时，日本出口的玩具玩不了多久就会出现质量问题，出口的灯具寿命短得让人无法接受。痛定思痛，日本的通信设备制造业最先开始了创新，它们从美国引入了现代质量管理的概念和方法，并特别重视质量控制过程中统计方法的应用。这一全国性的质量变革与一个日本组织和一个美国人紧密联系在一起。

成立于20世纪40年代的日本科学技术联盟（JUSE）从1949年开始设立由企业、大学和政府人员构成的质量管理研究小组，并定期开办质量管理基础课程，将小组的成果传达给产业界，至90年代中期共举办了约90期，约3万人参与了学习，这些人员后来成为日本企业质量管理的主力军。JUSE于1950年邀请美国的戴明博士（W. Edwards Deming）访问日本。戴明博士是美国质量管理大师，师从"统计质量控制之父"休哈特并获得两项真传：统计质量控制和休哈特循环。戴明因此很早就成为世界公认的统计和抽样专家。"二战"时期，他在美国各地开课，向工程师们介绍休哈特的基本统计理论，参加培训的有31000多人。尽管戴明在美国不断呼吁关注质量，却很少能引起人们的重视。

戴明博士为日本JUSE技术专家和各地企业高层举办质量课程或讲座，他在传授其管理思想时强调："大多数的质量问题是管理者的责任，不是工人的责任。"同时他指出："如果能争取一次把事情做好，不造成浪费，就可以降低成本。"据估计，当时日本企业的最高领导人中，每5人中就有4个曾听过他的讲座。通过一年的授课，戴明的理论在日本受到了尊敬和推崇。

在JUSE的宣传和推动下，日本掀起了质量管理的热潮，并把每年的11月定为"质量管理月"。戴明还把版税都捐出来设立了"戴明奖"，这一奖项迄今仍是深受日本企业重视的最高质量荣誉。

1991年，当丰田汽车的创始人丰田喜一朗代表公司领取戴明奖时，几乎是声泪俱下："没有一天不想到戴明博士对于丰田的意义。戴明是我们管理的核心，日本欠他很多。"

日本从20世纪60年代初开始将质量管理的概念拓展为全公司质量管理（CWQC），它的覆盖范围非常广，从市场调查到售后服务，无所不包，而且是全员参与。在管理活动开展过程中，这种独创的管理体系突出了三个特点：重视教育和培训，进行"方针管理"，注重内部审核或者"质量管理诊断"。这些方法甚至术语被1987年颁布的ISO质量管理体系标准吸收后向全世界推广。

到70年代末期，日本国内已建立了70万个QC小组，有500万名员工参与，有效提高和保证了产品质量，使"日本制造"成为全球产品质量的标杆。伴随质量水平的快速提升，日本的汽车、家电、电子、机械、化工产品凭借品质优势大举进入全球市场。"质量救国"战略保证了日本1960—1970年"国民收入倍增计划"的实现。

尽管质量管理理论是从美国引进来的，但日本和美国的全面质量管理有所不同，日本所走的是一条精益管理的路子。精益管理实际是对全面质量管理的扩充和发展，是以丰田公司为首的企业在吸取美国全面质量管理经验的基础上创造出的更符合日本国情的质量管理模式。

2016年"世界品牌500强"排行榜，日本有37个品牌入选。

美国的"六西格玛"运动

20 世纪 70 年代末 80 年代初,日本产品凭借过硬的品质不断击败美国产品,美国企业的市场"奶酪"不断被日本的竞争对手蚕食。美国企业曾发出这样的惊呼:第二次珍珠港事件爆发了!这些企业中就包括了摩托罗拉公司。摩托罗拉在同日本企业的竞争中,先后失去了收音机、电视机、半导体等市场,到 1985 年时公司已濒临倒闭,公司高级领导层决定向日本企业学习,以全面提升产品品质。当时,根据休哈特的理论,质量水平达到 3 西格玛(Sigma)最为经济科学,包括日本企业在内的组织一般都把 3 西格玛水平作为追求的目标。为了减少质量波动,显著提高产品质量,摩托罗拉公司雄心勃勃地提出了产品质量要控制在 6 西格玛水平上,这就是六西格玛管理方法的由来。

20 世纪 80 年代,摩托罗拉公司创建了六西格玛管理的概念和相应的管理体系,并全力应用到公司的各个方面,从开实施后的 1986—1999 年,公司平均每年提高生产率 12.3%,不良率只有以前的 5%。由于质量缺陷造成的费用消耗减少 84%,制作流程失误降低了 99.7%,因而节约制造费用总计超过 110 亿美元,公司业务、利润和股票价值的综合收益率平均每年增长 17%。

六西格玛管理在美国通用电气公司(GE)得到了发扬光大,从 1996 年 1 月开始实施六西格玛管理,美国通用电气的销售业绩和利润每年都以两位数的百分比快速增长,1999 年实现利润 107

亿美元,同比增长了15%,其中,因实施六西格玛管理法而获得的收益达到了30亿美元。同样,六西格玛管理法在联信、ABB(阿西布朗勃法瑞公司)、东芝、三星等组织中也获得了巨大成功,甚至一些服务领域的组织如花旗银行、迪士尼、希尔顿酒店等,通过引入六西格玛管理法,给顾客和股东带来了极大的收益。

目前所讲的六西格玛管理方法已进化为一种基于统计技术的过程和产品质量改进方法,进化为组织追求精细管理的理念。六西格玛管理的基本内涵是提高顾客满意度和降低组织的资源成本,强调从组织整体经营的角度出发,而不只是强调单一产品;强调组织要站在顾客的立场上考虑质量问题,采用科学的方法,在经营的所有领域追求"无缺陷"的产品质量,以大大减少企业经营全领域的成本,提高企业的竞争力。六西格玛管理法将企业的注意力同时集中在顾客和企业两端,无疑会给企业带来诸如顾客满意度提高、市场占有率增加、缺陷率降低、成本降低、生产周期缩短、投资回报率提高等绩效。

六西格玛管理的关键成功因素有如下几个:一是高层领导的重视和参与。一方面为六西格玛的实施制定清晰的愿景,另一方面为六西格玛的实施提供各种资源,创造有利的环境,包括帮助建立六西格玛组织和短期内改变员工的态度等。二是六西格玛组织。致力于实施六西格玛突破性改进的专家团队是一个推动变革的"指导联盟"。约翰逊控股公司为了实现公司改革目标,组建了40多个六西格玛团队,完成了52个主要流程的改进。三是教育培训。向企业各个层面传达新的质量观和企业价值观，帮助建立六西格玛文化氛围，有助于企业文化变革。四是以顾客为中心。从顾客需求以及能满足这些需求的角度确定流程，不断检测组织倾听顾客呼声的流程的有效性，更好地与顾客有效沟通。五是组织文化变革。改变人们思考问题的方式，破除管理者和员工习以为常的保守思想。企业文化与变革的精神不相容时，变革将遭到失败。

2016年"世界品牌500强"排行榜，美国占据了500强中的227席。

中国品质发展的酸甜苦辣

经济增长与品牌塑造的剪刀差

改革开放近40年，中国经济实现了举世瞩目的高速增长，经济规模持续扩大。国际货币基金组织数据显示，2016年以来，中国为全球经济增长贡献了35%，并将在2020年底前继续贡献30%的经济增长。中国经济长足发展背景下，品牌发展却一直与经济规模相脱节，无论是数量还是质量都与发达国家不可同日而语。近几年，中国品牌还有加速衰败之势。相关研究数据显示，我国的品牌资本对于经济增长的贡献率仍然很低，最高年份的贡献率也仅有4.03%，关于品牌资本的投入产出弹性系数也很低。面对消费升级的大潮，绝大多数中国产品显然没有跟上时代的步伐，对品质消费的支撑度不够，以致在国人追捧国际品牌的过程中逐渐被边缘化。

得益于政策和人口红利，中国制造业在全球市场份额中快速提升。外资的进入，带来了技术、工业设备以及广阔的市场，国际代工（OEM）生产模式在我国东南沿海遍地开花，到2013年，我国制造业产出占世界的比重达20.8%，连续4年保持世界第一制造大国地位。在联合国工业大类目录中，我国是唯一拥有所有工业门类制造能力的国家，在500种主要工业品中有220多种产量位居全球第一。然而，在快速增长的同时，中国制造业在产品质量、创新研发能力和品牌塑造上仍有较大差距，"中国制造"总体处于国际分工和产业链中低端，大多数企业的核心技术受制于人。虽然涌现出了华为、海尔、联想、吉利、格力等知名品牌，但在国际市场上能够闪光的"中国名片"依然寥若晨星。

作为目前世界上经济总量巨大的经济体，我国国际品牌数量与经济总量非常不相称。以茶为例，中国茶文化源远流长，而目前为世人所熟知的却只有英式红茶或日式抹茶，2014年中国7万个茶企出口总额（12亿美元）不及立顿全球销售额（30亿美元）的一半。产业转型和经济持续增长需要品牌作为中坚力量进行强有力的支撑。目前的中国制造业产能过剩，同时在全球产业链中身处低端，一部苹果手机，中国加工厂仅挣25元就是残酷的事实，遍及全国动辄几十万人的富士康产业园也只不过是劳动密集的血汗工厂翻版。种种迹象显示，中国经济规模增长与品牌做强做大的剪刀差正在逐渐扩大，亟须开拓一种新的转型升级路径。

品牌塑造的种种误区

在市场经济的推动下，人们的生活水平日益提高，消费者在越来越多的领域有了强烈的品牌意识。改革开放以来，虽然有一些中国品牌从本土成长并走出国门，步入国际化进程，但是也有很多曾经妇孺皆知、叱咤风云的品牌像流星一样淡出了人们的视线，因种种原因走向没落。在此期间，有很多开拓型的企业家上下求索，依然失败多于成功，究其原因，可以发现如下几点共同之处。

产品跟不上产业生命周期的变革

产品一成不变，一个品牌如果跟不上消费者需求的变化，不能准确把握市场需求和潮流的变化，就难以根据新的消费需求进行品牌价值的创新，很容易在市场竞争中败下阵来，比如始创于清朝顺治八年（1651）的王麻子剪刀，一度占据中国一多半的刀剪市场份额，"南有张小泉，北有王麻子"，在中国家喻户晓，甚至成为刀剪业的代名词，但是由于未能把握消费者的需求，未能对营销策略及时进行调整，而最终导致破产。而其竞争对手张小泉却推出了各种时尚的满足现代人需求的产品，在很多城市依然有着专卖店。同样地，上海手表也没能赶上时代的步伐而沉没。这样的例子不胜枚举。

作为一个品牌，必须及时把握产业变化和消费升级趋势，及时对产品技术和核心要素进行创新，才能赢得市场的持续性发展，而很多本土品牌由于未能把握新的技术以及产业变动所带来的机遇而灭亡。比如润迅寻呼没能及时应对手机时代的来临，燕舞收录机、长江音响没能跟上CD、VCD产业带动的产业革新步伐，小霸王学习机没能抵挡住电脑，飞跃、凯歌电视机没能挡住彩色电视时代的来临。品牌忽视产业的升级，很可能会在一夜之间化为乌有。

资本运作中的失误

三笑牙刷曾经是世界上最大的牙刷生产企业，三笑集团创始人、董事长韩国平曾经说过一段铿锵有力的话："我就不相信中国人要用外国人的牙刷！我要为民族工业呕心沥血，我这样做不是为了钱，我家的钞票就是做成饭吃，也吃不完！"然而最终三笑未能挡住高露洁的橄榄枝，如今的三笑牙刷品牌已经被高露洁雪藏。通常来说，在本土市场建立了一定影响力的中国企业品牌，被外资并购后，外资品牌会按照它的战略布局，可能消灭或雪藏你的品牌，或者你本来是个高端品牌，并购后可能把你当成低端品牌去运作，这样品牌就可能会消失。

创建于1958年5月的凤凰品牌，半个世纪前是国内自行车累计产销量第一的民族品牌。20世纪70年代，大街小巷里凤凰牌自行车随处可见。"凤凰"被人们视为吉祥和高贵的象征，成为姑娘出嫁时一份很有面子的嫁妆。到90年代初，国内出口的自行车有1/3都是凤凰生产，连续8次在全国同类产品质量评比中荣获第一名，获国家银质奖。但是之后由于在联营品牌战略上的失误，在外资与台资企业的联手夹击之下，这个风靡一时的品牌最终不得不遗憾地退出市场的舞台。目前，凤凰这个品牌重新进军电动车市场，凤凰能否涅槃，再谱新章？

树品牌绝不是会做广告

爱多电器公司成立于1995年，年轻的爱多在年仅26岁的胡志标的带领下迅速崛起，获得中国最具竞争力民族品牌激光影碟机类第一名，全国城市市场占有率第一。1996年，爱多花了450万元的高价请成龙为其拍摄了广告片，这在当年几乎是爱多的全部利润。其广告词简洁干脆："爱多VCD，好功夫！"这则广告在央视播出后，很快在全国掀起了一阵"爱多旋风"，塑造了一个以"标王"模式速成的品牌。但好景不长，随着市场发生变化，1998年，爱多便开始出现财务危机，2000年4月，"爱多"商标被拍卖，品牌彻底覆灭。

三株口服液最辉煌的时候，中国每个村子都有三株的广告宣传；秦池、爱多曾经是中央电视台的标王；孔府家酒、孔府宴酒当年的广告曾经家喻户晓；活力28的广告一度让其成为洗衣粉领域的领导品牌。但是这些品牌却盲目地追求规模效应，自身的经营能力与其品牌影响力却不匹配，最终导致一个环节出问题就全盘皆输。这说明品牌的运作是一个系统工程，不能只追求高知名度，而忽视了销售能力以及产品质量等内在价值的建设。

一个品牌成为高品质的代名词，需要经营能力的"全能冠军"，如果只是单项冠军，终究经受不住时间的考验。打造品牌需要全能冠军。

品牌兴衰启示录

曾几何时，也有一些民族品牌红极一时，但在时代的浪潮中，绝大多数民族品牌都日益衰落，令人痛心不已。那些年我们一起追过的民族品牌，还留下几个？如果将这些民族品牌做个梳理，发现曾经辉煌过的中国本土品牌，只有极少数在当今时代仍在闪光，而大多数品牌要么已经彻底消失，要么虽然健在但已经被外资并购或者控制，要么正处于生死关头。

在中国品牌史上，中华老字号扮演着重要角色。老字号是中国商业特有的称谓，是指有多年成功的经营经历，在一定领域内产生良好业绩和声誉，富有中国传统文化内涵，拥有世代继承的原创产品、独特工艺或经营特色，并得到消费者长期认可的商号。老字号存在于一代又一代人的记忆中，其动辄上百年的历史见证了中国的发展，是中华文化的瑰宝。然而在以市场经济为主导的今天，那些无法紧跟人们生活方式或理念而转变的老字号，脱离了对市场的研究和把握，在一轮轮的竞争中被淘汰出局。据相关资料显示，在目前国内共有的 2000 多家老字号里，有品牌、有规模且效益良好的仅有 10% 左右。

推陈出新是历史的必然，那些镌刻着中国消费者情感记忆的品牌，在互联网经济新时代，如何把握市场潮流，革新产品，研究出自己的互联网营销规律，是当下中国品牌凤凰涅槃的前提条件。

同仁堂正在积极尝试如何将传统优势与新技术相结合，探索产供销一体化路径。它长期致力于研发领域的创新，在消费者熟悉的同仁堂传统药材与中成药之外，还有大量"药食同源"的营养保健品，原料和质量比起市场上的同类产品相当有优势。同仁堂健康药业在全国建立了近 2000 家自营门店，所有产品的产供销都是在自己的"研发—生产—供应链—零售门店"系统中完成。它采取了开放生产领域的合作模式，一方面加强与原料和资源型产品的源头的合作，另一方面对健康饮料等具有显著快消特性的产品采用了在原料控制和质量控制下的委托生产模式，做各自擅长的事。在组织架构上，同仁堂在遵循传统组织管理思想的同时也加入了互联网新思维，原来条块分明的组织框架变成了围绕管理核心的组织族群。调整后的部门不再是各自分立、独立运作的模式，而是将部门性质相近、工作关联度高的部门整合起来，构建成内部组织生态群。战略与管控、业务运营、职能共享、生产基地这些组织族群，都体现了各自鲜明的组织特色。

在渠道管理上，从 2013 年开始，同仁堂健康开始了一系列的渠道体系变革和转型。首先,同仁堂推出了自有门店的升级方案,其健康体验店一改原有零售门店传统、封闭的古朴风格,采用了体现"用户中心"和"开放空间"理念的现代设计。体验店不再坚持传统的销售方式,而代之以服务导向型的销售新模式,从业务流到价值流出现了重大转变。在这里,同仁堂健康追求的不再是销售额,而是整体的客户价值。也就是说,同仁堂健康的体验店销售的主体不仅是药品和保健品,更重要的是倡导健康消费的理念和文化,通过健康服务体验,培养消费者养成健康的生活方式。此外,同仁堂健康还与京东达成了战略合作。同仁堂健康现在需要思考的是,如何把传统业务升级为能够体现自身资源优势的业务平台。

百年老字号品牌是民族品牌中的先行者,也是带领中国民族品牌、中国创造走向世界的核心力量。坚守与创新是老字号发展中恒久不变的主题,只有坚守精神、传承技艺,老字号才能愈久弥新;只有创新经营模式和营销思路,老字号才能与时俱进;只有在坚守中探索、创新、超越,老字号才有可期待的未来。

工业时代品质经济的缺陷和不足

品种与质量的矛盾

工业时代的环境下,一个企业生产的品种太多,质量往往就不容易有保证。20世纪60年代，日系车企在标准化生产的基础上进行了升级，由其主导的精益生产方式开始逐步完善。精益生产的核心是成本管理，按照具体要求控制生产节奏和成本，讲究物尽其用，减少资源浪费，降低库存，并在销售终端进一步降低价格，提升产品的性价比。但是这种生产方式生产出来的产品，品质相对中庸。质量管理专家戴明指出，只有在生产过程中的每个环节都严格按照生产工艺和作业指导书要求进行生产，才能保证产品的质量。尽管如此，在批量生产模式中仍会出现各种各样的质量问题。

2016年9月15日，美国消费品安全委员会（CPSC）正式宣布，召回约100万台三星Galaxy Note7手机，原因是其电池有起火或爆炸风险。2016年11月4日上午，美国消费品安全委员会在美国早间电视新闻节目中宣布，将与三星一同召回280万台该品牌揭盖式洗衣机。此前，该品牌揭盖洗衣机已经引起730起"爆炸"事故，其中9人受伤。

丰田是精益生产的引领者，它所采取的最大化减少浪费的生产模式取得了极大成功，但这并不能掩盖其中存在的问题。随着管理层不断地为其系统瘦身以追求更快的反应能力和更低的成本，这一系统正在变得越来越脆弱。单从以前的丰田召回事件中，即可见这个显赫的汽车帝国无可奈何的行动与"完美"的精益生产之间，存在着理论与实际的撕裂。

低成本要求下，拉动式供应链隐患重重。丰田大多数的零部件并不是由自己制造,而是更多地进行控制设计和完成整车组装。丰田将供应商按照零部件的重要程度分为战略和非战略两部分,分别用技术、财务控制和竞价的方式来进行管理并且均免检,这当然进一步降低了成本,但也增加了质量控制的难度。

在非战略供应商这个群体中,如果它们不能满足丰田公司的要求就会被淘汰,如果它们的出价高于其他供应商也会被淘汰,这使得非战略供应商的更替速率较快,且低价位的零部件出现风险的概率大大增加。而在战略供应商方面,丰田公司在这些公司有常驻的技术人员和财务人员,使零部件利润被进一步压缩。但技术控制降低了供应商的创新积极性,并且供应商无法承受持续的低利润,质量问题时有发生。不仅如此,为了降低成本,丰田公司对全部生产所需要的零部件都实行零库存管理,生产过程是严格按照计划进行的,而不同层级的供应商只对自己的上一层供应商负责。这意味着任何工人或者供应商的疏漏都可能导致丰田整个生产系统的瘫痪。例如 2008 年 12 月 25 日在中国召回的一汽丰田花冠、锐志与进口的雷克萨斯 LX400h,这些车型虽然价位相差悬殊,但是召回的原因却是一样的,都是由于同一个部件出现了质量问题。

规模与个性的矛盾

与日系车企的精益生产方式不同,德系车企更加严谨,它把精益生产贯穿于整个生产管理的始末。不过从生产方式来看,从

2010年开始,德系车企开始向模块化生产过渡。模块化生产的优势在于不同模块部件通用率高,生产制造更加灵活,可进一步提升效率和降低成本,同时大幅缩短车型改款和换代周期,但是产品间会存在同质化现象,缺乏个性。

工业时代,大多数制造企业的主要生产模式都是批量生产。以家具行业为例,经过几十年的发展,我国家具行业已经形成了一定的产业规模,大部分家具企业实现了规模化生产,但从实际经营状况来看,很多中小型家具企业没有自己的设计队伍,仅在原材料、工艺、包装、终端陈列等方面下功夫,导致了产品同质化严重,其附加值和品牌价值不高,这些企业也只能在低端市场上进行激烈的价格竞争,利润水平较低。上述特征正是大批量生产方式的结果。批量生产方式由于假设消费者的需求是相似或同质的,所以其为消费者提供的也是通过标准化制造过程生产的标准化产品,产品差异度很小。但是,随着消费者收入水平的提高,我国居民的消费结构明显改变,消费需求日益多样化、个性化和复杂化,对缺乏差异性的同质产品的需求逐渐减少。消费者对家具的消费理念正在由量的消费转向质的消费,人们对家具的要求不单纯是功能需要,更是装饰美观、彰显个性的需要。基于大批量生产模式所生产的产品由于缺乏对新的消费需求的适应,产品供给明显过剩,一方面造成生产者之间的竞争越来越激烈,产品的价格不断被压低,另一方面又导致相当一部分消费者找不到合意的商品,消费需求无法实现。

市场与库存的矛盾

工业时代品质经济的生产方式和消费需求脱节，不可避免地产生了库存和压货，而库存和压货是吞噬厂商利润的黑洞，也是商品价格难以下降的拦路虎。压货和库存是利润的天敌，中国零售商品的零售价往往是成本的 5 倍，眼镜、珠宝、奢侈品的零售价往往是成本的百倍，如此巨大的价格差异就是层层库存、压货加价和终端零售成本高昂造成的。

根据 Wind（万得）资讯数据统计，2016 年 A 股市场上市的 40 家服装企业存货总量高达 348.5 亿元，是净利润的 7 倍多。

曾经有一篇对服企高管的采访报道说："目前服装企业消化这些库存至少需要 3 年时间，但销售库存背后还需要利润支撑，财务报表一难看，银行就会跟在后面催债，所以，越来越多的服装企业正步入库存怪圈。"

传统时代是先生产后消费，供应链各个环节之间缺乏实时对接，生产线规模较大，生产线能力的增减不灵活，导致产品信息不能及时反馈，造成热销产品的库存不足、滞销品积压等问题。

在工业时代，产品品种越多质量越难以把控，大批量生产的规模经济难以迎合个性化需求，生产流通层级的时滞使得库存难以跟上市场变化的节拍，工业化思维主要是通过专注于生产端来解决上述三个矛盾，其效果往往并不理想。

京东开拓的新路径

要在根本上解决上述三个矛盾,需要一套全新的品质经济生态系统,互联网为此开辟了新的空间。"互联网+"时代的品控提升策略不同于传统经济,新技术使得从生产和流通两端共同发力寻求有效方案成为可能,最终实现品供一体化。通过互联网技术能够聚集优化各类要素资源的优势,促使生产者、消费者和相关方关系更加密切,通过挖掘线上线下融合互动产生的数据资源,企业能够更加聚焦于完整价值链早期阶段的质量,聚焦于顾客和为顾客创造更高的价值,进而推动中国制造向中国创造转变、中国速度向中国质量转变、中国产品向中国品牌转变。

除了生产环节的因素外,商业流通环节对品牌发展也起到至关重要的作用。我国商品销售流通环节层级多而复杂,从厂家到经销商、代理商、零售商,最后到消费者手中,中间渠道过多致使商品质量把控困难。中间商是典型的"柜台模式",只关心多卖货和柜台费用而不负责商品质量,这种模式往往对消费者需求的反应滞后。因此,未来商业流通业态的发展应该将传统的二房东角色转变为中间商与品牌商利益共同体的角色,及时把握市场动态和消费需求,使商品更具感知和迭代能力,实现共赢。

【案例】格力与京东联手 开拓品质发展新路径

作为空调行业的领军企业,格力在品牌价值上具有无可比拟的优势。2016 年 11 月 8 日,京东开展"格力秒杀"活动，带动销售迅猛增长，活动流量比上年的 11 月 8 日增长了 100%，转化率增长了 300%，销量同比增长 800%。

　　2017 年是格力入驻京东 7 周年，董明珠为京东旗舰店录制了视频，3 月 23 日的格力品牌日当日销量突破了 3 亿元。2017 年 9 月 25 日，作为京东智能冰箱联盟成员之一的格力，在京东 Alpha 平台的助力下，格力晶弘宣告正式进军智能冰箱领域，格力历史上第一款智能冰箱正式在京东商城开始销售。

　　格力和京东的联手，开拓了互联网时代塑造品质经济的一条新路径。

第 3 章

从十节甘蔗到品质三角

如何避免工业时代品质经济的缺陷和不足？互联网开创了大流通时代，诞生了交易量巨大的电商平台。从某个角度来说，电商平台实质上就是供应链管理，不过它和传统工业时代的供应链管理完全不同了。电商平台的供应链管理是消费者需求驱动的供应链管理，而工业时代的供应链管理是生产驱动的供应链管理。

在工业时代供应链管理的理论与实践中，对消费者的重视程度不够，即便把供应链管理做到尽善尽美，商业结果仍然可能以失败告终。从多年的实践来看，通过和格力这样的企业合作，我们将生产、流通等环节分成十节甘蔗，再加上消费者驱动，就形成了一个闭环，进而演变成品质流通、品质消费和品质制造这三个部分，我们称之为"品质三角"，这便是电商时代打造品质经济之道。

全面理解供应链

十节甘蔗

从一个产品价值实现的角度来看，商业链条是一个有机的整体，从生产厂商到最终消费者，形成了一条完整的供应链。这条供应链上包括创意、设计、研发、制造、定价、市场、仓储、物流、支付、售后这样十个环节，十个环节环环相扣，如同一根甘蔗。我们形象地称之为"十节甘蔗"。

> 创意 设计 研发 制造 定价 市场 仓储 物流 支付 售后

那么对于这十节甘蔗的供应链，京东作为电商应该在其中扮演怎样的角色呢？通过大量的研究和思考，在参考了很多知名企业的案例、企业家的思想，以及各种文章资料后，得出这样一个结论：供应链中的所有环节，从长期来看，其利润都是相对固定的。每一个环节都不可或缺，市场的充分竞争使得每个环节都将其利润维持在一个相对合理的范围之内。

比如对于手机生产商来说，如果手机市场上只有一家厂商存在，那么它就会获得对整个市场的垄断地位。由于垄断而自然而然会带来经济上的超额收益。在一个有竞争的市场中，因为市场具有趋利的特性，因此当垄断收益高到足够吸引人的时候，市场会将新的竞争者吸引过来。随着新进入者的竞争，垄断利润会逐渐降低，当竞争激烈到一定程度后，超额利润消失，利润水平会回归合理的区间。

与之相反，在一个过度竞争的市场中，由于竞争的激烈，会造成市场参与者的利润水平普遍低于合理水平。这就造成那些缺乏竞争优势的企业退出市场。随着竞争程度的缓和，剩下的参与者利润也将最终恢复到合理的水平。

电商是整个供应链的核心驱动环节。它向上承接品牌供应商，向下联系消费者，电商在整个供应链中承上启下的地位不可或缺。这样的地位决定了它在整个供应链的价值分配上所应该获得的利润，这个利润既不能太高，也不应该太低。

上述对供应链的理解，暗含着一个最简单的问题：假设供应链完美，整个商业链条就是完美的吗？如果答案是肯定的，那么我们可以坚守工业时代的品质经济标准，以质量管理为品质经济的核心。但我的思考是这个链条中缺少了什么，似乎有一块拼图不在这个链条当中，使得整个商业行为的拼图不能完整地展示应有的全貌。

举一个非常有代表性的案例。诺基亚曾经是手机行业无可争议的霸主，从供应链的各个环节来看，诺基亚当时的供应链管理水平绝对是世界级的；从产品质量上看，直到今天，诺基亚手机的稳定性和耐用性都仍然是有口皆碑的，它的返修率低于竞争对手；从品牌来看，诺基亚的品牌知名度不可谓不好，即使在其江河日下的日子里，它的品牌价值仍然在全球名列前茅；从创新的角度来看，诺基亚其实也还是很有创新精神的，其掌握的大量专利也足以说明这个问题。但是最终，这个曾经的霸主倒下了，这背后的原因值得我们深思。

供应链管理的问题在哪里？商业行为的完整拼图应该是什么？直到把用户这块拼图放进来，一切似乎瞬间变得清晰了。从这个角度看诺基亚的失败，其核心就是对消费者需求变化的忽视。

甘蔗需要加一节

传统的供应链管理，从设计研发到制造，再到流通，整个链条的管理到此为止。消费者虽然也在整个链条中出现，但只是作为一个额外的端点，用来说明供应链去向何方，对于消费者，传统的供应链管理始终没有给予充分的重视，消费者（用户）数据不在考虑之列，甚至从生产到销售只是一次性的过程，销售是行为的终止。这在互联网时代来看，是最大的问题所在。

销售不应该是商业过程的终点，恰恰相反，销售完成只是所有事情的开始。所以我们认为，在互联网时代，品质经济应该被赋予新的内涵。

从消费者的角度看，单单物美价廉的产品已经远远不能满足其需求。与以往消费者在购买商品时只注重商品本身具备什么功能、价格是多少这些不同，现在的消费者完成一次购买行为，往往会受到更多其他因素的影响。有的人会注重这个产品是否足够漂亮，有的人则会更愿意为使用方便买单，有的人更注重整个购买过程的服务是否舒心，等等。

当然，这样说并不是否定质量对于消费者的重要性，质量是一切的基础，没有好的质量一定是不行的。互联网时代的品质经济并非否定前代以质量管理为核心的品质追求，而是在此基础上的更进一步，从单纯对产品的追求升级到对消费全过程感受的追求。

这些想法归纳起来看，在互联网时代，品质经济从原本的重质量到如今的重质量+重体验，就是一个很大的进步。为什么今天会有这些改变呢？有以下两个原因。

一是互联网对于经济的促进。互联网对于传统产业来说，是一个很大的助力。这两年从中央层面大力倡导"互联网+"，其实就是希望发挥互联网的力量，去激活传统产业的活力。互联网对于经济的这种促进，使得对个体需求的个性化满足相比过去更加便利，这给体验提升其实是创造了一个很好的基础。

二是互联网时代消费者的个性化需求是更丰富的。伴随着互联网而生的新一代消费者，他们的世界更加丰富多彩，他们拥有比前代更开阔的眼界、更挑剔的目光，也注定了他们的需求是更加多样化和个性化的。因此在互联网时代，体验不好的商品或服务，很难抓住这类消费者。

说到用户体验，让人很容易联想到以用户体验著称的苹果公司。相对于传统IT（信息技术）公司不断的技术升级或服务升级，苹果公司奉行体验不断升级的模式，更简洁的设计、更友好的用户界面、更方便的使用场景、更为高雅的外观和更为舒适尊贵的持有感等等，这些构成了更好的用户体验。这种用户体验基于卓越设计的产品之上，包括企业与客户接触沟通的每一个触点、触面。许多客户第一次走进苹果的店面时，最大的感受就是苹果店的环境设计和其他消费电子产品的店面完全不同。在看上去朴实无华的桌架上，各种产品的展示、使用恰到好处。客户购买完毕走出店面时提的购物袋，也可以制造出一种独一无二的独特购物体验。

　　回过头来看京东，京东的目标是打造一个卓越的电商品质经济平台，那就一定不能忽略用户体验。事实上，用户体验始终是京东最为重视的目标和追求的方向。

品质三角是什么？

十节甘蔗的循环圈

　　如果说质量管理是工业时代品质经济的核心，那么在如今的互联网时代，品质经济理所当然地应该将消费者的体验纳入整个商业活动范畴中来一并考虑。没有消费者的经济过程不能称为一个完整的经济过程，而没有考虑消费者体验的品质经济，也不会是一个完整的品质经济。

　　根据我们的实践，如图3-1所示，一个完整的品质经济应该是一个循环结构。从细节上看，它除了包括供应链的内容，还要囊括消费者这个元素。而从大的构成来看，大致可以分为品质制造、品质流通和品质消费这三个部分，也就是"品质三角"。

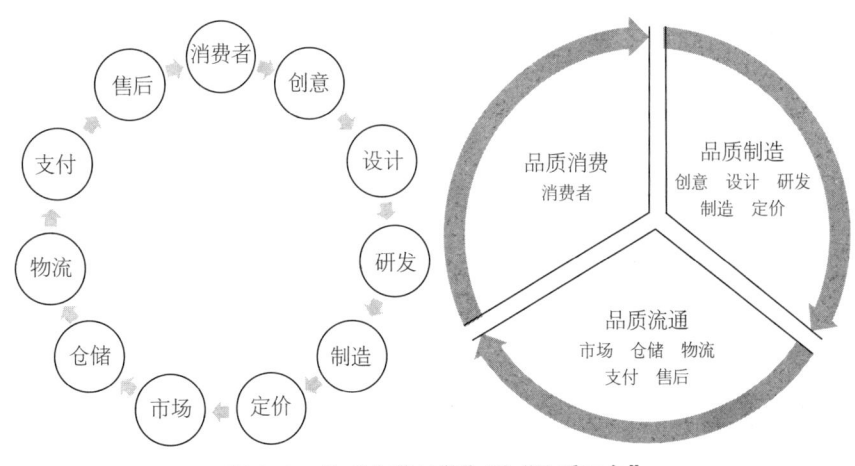

图 3-1 从"十节甘蔗"到"品质三角"

在我们的品质三角中,品质流通考虑如何高效地将商品与服务交付到消费者手中,它是品质三角得以形成循环的关键,也是支撑品质经济的重要支点。

品质流通是以平台作为基础来达成的。关于平台的实现细节,本书的第四、第五章将做详细的论述,特别是目前京东的做法。

品质制造考虑如何高效地制造符合消费者需求的商品,不同于工业时代以质量控制为核心的制造。在互联网时代,质量控制和个性化生产成为品质制造的两个重要抓手。本书的第六章将重点探讨平台对于品质制造的拉升作用。

品质消费主要考虑消费者对于购物体验的各种需求。在消费的过程中,如何更好地提升消费体验是品质消费主要考虑的问题。在互联网时代,品质消费对整个品质三角往往具有驱动作用,它以消费体验为核心,通过对消费者数据进行分析研究,向上游的流通环节、制造环节反馈出各种改进需求。生产制造与消费者的真实需求不再是脱节的。本书第七章将重点探讨平台对于品质消费的促进作用以及京东的一些举措。

三角形的稳定性

在品质三角中,三者应该是相互促进的循环关系。品质三角的三个部分相互依存,相互促进,共同促成了品质经济的发展。

品质消费对于品质制造提出了个性化、定制化的需求,并指导品质制造的实现,品质制造又反过来促进品质消费的不断升级。品质流通对于品质制造提出了柔性化的需求,并提供数据支撑,而品质制造又反过来促进品质流通在数据化等方面的发展。品质消费与品质流通之间,品质消费必然要求流通的高效化,倒逼品质流通的有序化发展。

三角的结构从几何学上来看是稳定的,而将此稳定性应用于商业活动,则形成了一个良性的反馈,使得商业活动也产生了稳定可靠的结果。

这个良性的反馈,使三者相互促进,就形成了一个良性循环。良性循环背后的支撑力量是信任。我们不妨以京东为例,来看看信任是如何形成的。消费者在京东平台上购物,除了互联网这一基础设施是必不可少的外,这背后的原因就是信任。京东平台在社会信用体系的基础上搭建平台自身信用体系。京东平台信用体系包含商品准入制度、交易规则、质量安全保障、风险控制、信用评价机制、用户信息保护、外部合作的征信机制等，还设置了监督机制、举报机制、反馈机制等来构建信任环境。具体措施如通过身份证校验、绑定实名制手机号和银行卡等方式，保证交易双方信息的真实性与可信度；通过开通交易双方相互评论、打分等功能提升交易过程的用户体验；建立交易过程的信用记录；等等。

我在上文中讲到品牌是品质经济的一个非常重要的方面，商品的信用价值体现在品牌上，品牌是消费者对产品或服务的信任程度的体现。所以京东平台尽可能选择品牌厂商的产品在京东平台上售卖。对消费者来说，京东构建了"平台信任＋品牌信任"的双重信任体系，吸引了大批优质消费者在京东平台上购物。由于有大量的优质消费者，又吸引了高质量的品牌厂商入驻。正是基于商业上的互信，大家才能够朝着一个方向发力，使整个循环在相互促进中把蛋糕做大。没有互信这个理念基础，财务角度上的你赚我赚，最终是没有任何意义的。从这个角度来说，商业互信的理念是三角形稳定的基础和保障。

三角形循环的正负反馈

品质三角的三个部分相互依存，还体现在三个环节需要各安其位，做到既不缺位，也不越位。这里所说的越位，是从经济利益的角度看的，品质三角这个系统中，三方的和谐发展要建立在共享价值的理念之上。

在品质三角的循环中，有两种循环方向，我们称为"正反馈"和"负反馈"。如果没有共享价值，可能就会导致"负反馈"。品质三角中任何环节的过分膨胀都必然侵蚀其他环节的健康发展，这个问题在今天的电商发展中日趋明显。

2016年新华社的一篇报道《"双11"盛宴下的潜规则：巨额推广费用 肥了平台瘦了商家》中有一组数据：当前的平台类电商中，网店（制造商）大体可分为三个梯队，第一梯队处于行业领先水平，由于具有品牌优势，它们的引流成本大约占到收入的10%~20%；第二梯队是大体处于行业的中等水平的商家，其引流成本约占收入的20%~40%；而处于最底层也是规模最大的群体，其引流成本高于收入的40%。电商依靠其强大的市场掌控能力，在品质三角中作为中间环节越来越强势，在得不到有效竞争的情况下，获得了超额利润。电商平台获取的超额利润来自哪里呢？超额利润必然来自对其他环节利润的挤压，而这种挤压对于其他环节来说，往往是存在负面伤害的，这就造成了制造品质的下降，陷入负循环的怪圈。这时整个经济体的循环将破坏品质三角的稳定性，最终毁灭整条供应链。

那么，什么是共享价值呢？不是"分享"企业已经创造出来的价值（不是一种分配手段），共享价值追求的是扩大经济与社会总价值。迈克尔·波特认为，企业创造共享价值有三种方法：一是重新构想产品和市场；二是重新定义价值链中的生产力；三是为公司所在地区建立产业支撑集群。京东在这三方面都做了不少工作。京东通过电子商务革新了传统的零售业态。经过多年的摸索和积累，京东与主要供应商已建立起供应链管理一体化的解决方案，例如信息系统对接、库存数据共享、库存调配与配送一体化等，为供货商提供产业价值链服务。在京东平台的基础上我们还为消费者和供应商提供金融服务，开发了"金条""白条"等一系列金融服务。在提升生产力方面，京东已经成为线上和线下最大的家电零售商，通过京东平台和仓配一体化的服务提升了整个大家电行业的运行效率。京东作为互联网企业基本没有地域属性，但是京东和许多地方政府合作积极推动当地区域经济发展，提升当地群众的生活水平。例如，京东和四川仁寿县进行深度合作。该县是四川人口第一大县，是著名的"中国枇杷之乡"，枇杷种植基地超过 21 万亩。京东介入前枇杷大多在仁寿本地及周边地区销售，一直没有在全国打响名气，滞销也是常有的事。京东在仁寿建立打通物流双向流通渠道，第一次实现当地枇杷大规模触网外销，迅速打开了仁寿枇杷的国内市场，同时带动本地枇杷销售量价齐增，2016 年销售总额达到了 3.7 亿元，同比增长 76%。京东还入股了当地最大的枇杷加工企业福仁缘农业开发有限公司。京东与当地供应商和政府建立产业集群，提升当地农民的效率、收成和产品质量，提升当地可持续发展能力，做大收入和利润蛋糕，使农民和收购农产品的企业都得益，从而形成正反馈。

京东通过创造"共享价值"，在推动社会进步的过程中取得自身发展。

平台成为提升品质的核心

在经济学上，平台被认为是双边市场，或者说具有网络效应。网络效应也称为"马太效应"，指一边用户的选择会影响另一边用户的期望收益、用户数量伴随期望收益的增加而增加这种现象。在一定条件下，优势或劣势一旦出现并达到一定程度，就会导致不断加剧而自行强化，出现"强者更强，弱者更弱"的分化局面。在平台的发展过程中，如何激发网络效应至关重要。以苹果应用商店为例，一边是App（应用程序）开发人员，另一边是App用户，用户在苹果应用商店购买App之后会推荐其他用户购买，为其他用户创造价值，接下来其他用户会根据推荐购买App，App开发人员就会开发更多的App来满足用户需求。随着两类用户人数的上涨，供应和需求越匹配，用于寻找匹配的数据就越充足，产生的价值也越高，而价值越高就越能吸引更多参与者。从苹果应用商店来看，要提升网络效应，不能一味地扩大客户和合作伙伴的规模，确保平台能提供好的产品和服务，让参与者之间保持良性的互动更为重要。

所以，平台的双边用户一旦超过一个临界点，平台本身就会在循环中成为供应链的核心。在互联网时代，发展品质经济的重心发生了转移：从制造商转向了平台商。平台商既可以作为向上提升的力量，也可能成为向下沉沦的始作俑者。

以箱包为例，一款包正常定价 29 元，但有的工厂为了竞争，推出 19.9 元的低价还包邮，赔钱也卖。价格低了肯定会降低品质，辅料、人工成本都得压缩，不仅企业利润低，产品质量也不好，退货率高，差评率也高，如此便造成恶性循环。厂家为什么赔本赚吆喝？就是希望通过赚吆喝，能使排名靠前，由此成为爆款。事实上，能挤进前几名的毕竟是少数，很多商家苦心经营多年，却只有销量没有利润。

在某些平台上，推广费用是平台的主要收入来源，这些费用也成了中小商家的主要成本。这种模式的弊端是，当电商平台上累计的商家过多时，想要获取流量就异常困难。特别是当现在移动端占据成交比例 80% 的时候，想要在为数不多的移动页面上靠前展示，难上加难。这是竞价排名带来的结果，并由此带来刷单、炒信等恶性毒瘤。

网络刷单如今已经不是什么新鲜事，很多网店为了提高店铺的信用等级，都存在着或多或少的刷单行为。有部分网店店主表示，当别人都在刷单时，如果你不刷单，等于是被动等死，但高额的刷单费用对于商家来说则是主动找死。但是对于中介平台型的电商来说，它们并不在乎刷单，甚至还变相地纵容，其结果就是这类平台在虚假交易中获得了大量的抽成。

刷单问题严重到什么程度？韩都衣舍电商集团在 2017 年新三板市场上市挂牌的招股书中就专门写了关于刷单的一段话：随着服装电子商务市场的竞争日趋激烈，部分电子商务企业存在"刷单"、销售假冒伪劣产品等恶劣竞争行为,对市场秩序造成了影响。

除了网络刷单,以价格主导的竞争模式和过高的推广费用,也造成了商品品质的快速下降。平台类电商通常以价格战为主要竞争手段,导致生产厂家不断压缩生产成本,用质次价低的原料来生产价格更低廉的产品,最终导致以牺牲产品品质、放弃升级创新来实现低价。

从全社会的宏观角度来看,某些电商的经营模式,虽然自身取得了巨大的利益,但社会整体的供应链品质、制造水平,都因为平台一家独大而造成了巨大的不良后果。更进一步,其模式已经阻碍了整体经济的转型升级。

一个健康的品质循环,最起码要做到两点。

首先,应该做大整个循环的利润空间,把整体蛋糕做大,即共享价值。那么如何扩大整个循环的利润空间呢?这一定是来自整体效率的提升。京东的理念是,当别人都卖一元钱的时候,我们卖9角钱,而且我们卖9角钱赚的要比别人卖一元钱还要多,这就是京东的核心竞争力,这个核心竞争力来自整体效率的提高。我们的低价并不是建立在降低自己利润的基础之上,而是建立在低成本的基础上,这得益于我们在物流系统、信息系统、财务系统方面的建设和努力,使得我们的成本低于很多竞争对手。

其次,作为渠道商的电商应该控制住自己的利润率水平,不要去挤压上下游的利益空间。传统的零售业是一个微利行业,利润空间普遍不高,连沃尔玛、家乐福都是如此。京东作为电商,也希望延续零售业的这个惯例，只要利润率能保证公司的健康发展就足够了。通过做大蛋糕，系统多赚的利润都向上下游分配，整条供应链会更健康地发展。以大家电为例，在2009年京东进入大家电之前，中国所有的家电厂商行业的净利率不超过1个百分点，包括美的、海尔，还有好多是亏损的。目前，整个中国家电厂商的净利率已经到4个百分点了，升了4倍。但同时，消费者现在买家电绝对比几年前还便宜了很多。

之所以能够做到这一点，是因为传统的渠道费用占销售额的比例较高，而京东平台的费用只占销售额很小的一部分。这个多出来的利润空间由京东与消费者和供应商共享。京东供货商的净利润比传统渠道高很多，这是市场上公认的。

品质消费的特点

质价匹配

中国市场呈现出"非贵即差"的特点：好东西贵得要死，大多数商品品质又不行。原因在于之前已经形成了竞争的准则——杀价，企业宁愿牺牲一些产品质量，价格要站得住，否则就要被市场淘汰出局。所以在我们这个市场上，企业完全靠数量就能成为大赢家。

中国经济的现实问题是品质问题已经很明显了，环境却还是一个普遍杀价环境。杀价和品质之间是矛盾的，要好产品就要真材实料，否则会导致逆向选择。品质消费必然是品质和价格相匹配，这也是国人纷纷到国外购买消费品的原因。京东是不鼓励打价格战的，因为价格越打越低，企业会做出好产品？我不太相信。这也不符合京东正品行货的平台规则。

个性化与长尾

现在的消费者更加重视自身个性的表达，他们的关注点从性价比、产品功能等共性特征转向美学设计、价值标签等个性特征，能否买到独一无二的适合自己的产品，是用户体验的一个重要组成部分。消费者出现的这种变化与消费能力的提高密不可分。在消费能力比较低的时候，大家从众心理比较强，看到别人买什么，自己就买什么，而随着人们生活水平的提高，消费时不再从众，来自不同社会阶层、文化背景、民族的消费者，会根据自己内心的感受和需求进行个性化消费。

对于电商平台来说，能否提供满足消费者个性化需求的商品，是一个需要重点关注的指标。

随着网上购物的进一步发展，个体崛起的趋势在中国以及世界市场中都十分明显。供应商迫切渴望了解自己的消费者群体，而消费者正在扮演越来越积极的角色，从被动接受和选择到主动影响和创造，最终，消费者会融合在整个价值链条的各个环节，和企业一起创造价值。例如，京东商城在2016年陆续推出了鞋服品类的定制频道、家具家居的"设计帮"等产品和服务，帮助品牌商与消费者建立原始需求的连接，驱动整个零售供应链向消费者驱动转型。最典型的例子就是游戏本。游戏本是在京东平台上火起来的，后续有很多电商平台，包括线下商家也都推出了游戏本。游戏本现在已成为电脑笔记本的一个细分品类了。

在传统的商业中，小众化的长尾商品往往是不被重视的，一方面从渠道商角度来讲，展示货架是有限的，最好的货架只能提供给销量最大的商品，这样才能保证利润。小众商品因为销量不大，甚至无法收回展示成本，因此销售商往往不会重视这类商品。而从生产商的角度来看，生产小众产品也往往意味着经营困难、入不敷出。

而长尾产品往往是更能够满足消费者的个性需求的产品，因此对于长尾产品的重视其实是有非常重大的意义的。

互联网渠道相对于传统渠道，因为展示成本更低，消费者打破了地域的限制得以有效聚合，因此长尾产品的销售变得有利可图，消费者的个性化需求也更容易得到满足。

提升服务体验

如今的消费者已经不单单满足于买到物美价廉的商品，对服务质量的要求也越来越高。消费者要求更加便捷、更舒心的购物体验和更好的售后服务。以京东为例，京东从 2007 年就提出了全品类的战略，其目的就是为了保证用户一站式购物的需求，而不单单是在京东上购买3C（手机、电脑、数码产品）类的少数品类商品。事实也证明，京东进军全品类的战略赢得了大量的用户赞誉，这既为用户提供了便利，也促成了京东的大发展。

京东优质服务还体现在京东的服务理念上。以保护消费者利益为核心是京东订立平台规则的核心理念，一切规则都是为了给消费者提供更优质的服务。这种规则和理念保证京东在买卖双方发生问题与矛盾时，其处理结果往往是偏向消费者一方的。

品质制造的特点

制造流通一体化

制造流通一体化的核心是制造业与流通领域的结合，之所以把这个特点作为品质制造的第一个关键词来介绍，正是为了突出在互联网时代，消费者数据的掌握和研究对于制造业而言意义非凡。

不同于以往制造业闭门造车的模式，或者只是简单地通过市场调研来猜测消费者的需求，制造业与流通环节相结合的好处是显而易见的。流通环节与消费者的互动，沉淀下大量的消费者偏好数据，这些数据有利于制造企业更清晰地理解消费者的真实需求，更准确地预测消费者的购买量，以便企业更好地改进产品，或者更准确地安排生产规模。

这些年，京东通过自身平台积累了大量的数据，并将这些数据通过分析提炼，向上游的制造企业提出了不少合理的建议和支持。比如，京东根据目标人群的色彩和口味偏好与乳制品厂家共同推出了面向特定人群的乳品饮料；根据消费者需求与联想公司共同开发了小新系列轻薄笔记本，联合手机企业推出了超出用户期望的高性价比的手机 JDphone，等等。京东与中国市场上顶级的制造企业如联想、美的、华为等均实现了合作，在实现制造流通一体化的同时，进一步提升了中国制造业的整体水平，为中国经济注入新的活力。

个性化定制

个性化定制是体现品质制造的关键点。通过销售渠道反馈回来的数据，企业不单单了解到消费者的普遍性需求，同时也很容易掌握这些普遍性需求之外更加个性化的那部分需求。

对于个性化需求的满足，是有诸多好处的。除了利润上的出色回报，通过产品定制，公司也能从定制设计和产品中获得灵感启发，从而在竞争中抢占先机。随着互联网特别是社交媒体的广泛应用，产品更新换代的速度比以往任何时候都要快。而通过定制设计，在客户的每一个设计选择中，可以通过用户的浏览、购买行为等数据来分析推测用户的喜好，这远比传统市场调研中获取的信息要多。在个性化定制方面，京东也做了大量尝试。在京东商城上推出针对漫威迷的钢铁侠定制款手机；针对电脑游戏玩家推出了定制款游戏本；针对有大屏幕需求的用户专门定制了大屏显示器，等等。

众所周知，每一款产品都有自己的生命周期，用户从对它的喜爱到期待替代品的出现是一个周而复始的过程。因此每个品牌商都在不断研发新品，试图能够持续满足用户期望。但是，基于用户复杂的需求变量去寻找商品的设计元素是一件非常困难的事情。京东通过全面应用大数据、人工智能和机器学习等技术，整合用户、交易和特色营销等应用，所打造的"京东专享""京东倾听"等智慧营销解决方案，给传统商品交易提供了新的商机，有效地提升了用户的购物体验和商家的运营效率。

经过京东自身的实践检验之后，京东将集结自身技术与能力的智慧营销解决方案与厂商共享，应用于厂商的产品设计和规划中。京东联合惠普设计出了战略单品游戏本"暗影精灵"，于2015年下半年上市，消费者对该款笔记本的关注度极高，销量不凡。

柔性化生产

品质制造的第三个特点是柔性化生产。所谓柔性化生产是指在品质、交期、成本保持一致的条件下，生产线可在大批量生产和小批量生产之间任意切换。

柔性化生产是未来制造业的核心竞争力，制造企业的产能根据市场实际需求的变化弹性释放：销售好需求多就多生产，销售不好需求少就少生产。柔性化生产最大限度地避免了库存积压和不必要的浪费，对于制造业企业来说，是保持健康发展的理想化状态和不断追求的目标。

柔性化生产，特别是对于电商来说，可以说是一种常态，几乎所有的商品都会面临或多或少的柔性化生产需求。因为与传统的销售方式不同，电商的销售，特别是在特定时间段的销售往往会出现短期高峰，而高峰之后，销售情况往往会相对平淡。这就需要生产厂家根据电商的活动计划和安排，在柔性化生产方面做出很多改变，在小批量与大批量生产中灵活切换。

品质流通的核心

重塑控制权

渠道是流通的核心，商家对于渠道的控制权主要表现在商家在品类和品种的选择上。品质的流通应该对选品有足够的控制，而非来者不拒，什么都销售。渠道选品的实现，一方面得益于渠道坚持原则，坚守标准，坚守底线，决不为了一些眼前利益而放弃自己的目标和底线。要把对控制权的掌握作为基础支撑，只有如此才能不被左右，并以渠道为核心，驱动上下游共同向品质的方向运动。这也是品质流通在品质三角中对其他两个方面所起到的核心作用。

对于如何保证选品的实施，重塑渠道的控制地位，京东做了一些有益的尝试。

首先，京东坚持以自营为主的模式，适当地开放平台，并严把自营商品、平台商家、商品的入口关，保证了平台的健康可持续发展。在自营方面，京东始终坚持采购的上游化，在品牌选择中只选取品类中排名靠前和品质较好的品牌作为采购对象；在平台商家的选择上，更是本着宁缺毋滥的原则，只向真正具备品质能力的商家开放。

其次，京东建立了非常严格和全面的品控体系，从制度构建、组织架构等多方面进行强约束，从严处罚违法违规行为，这点在后面的章节会有详细的论述。

流通的有序化

渠道品质化的第二个特点在于流通的有序化。不同于杂乱无章的流通方式，流通的有序化强调商流与物流运动的合理性。

我们国家当下的渠道水平在这方面是极其欠缺的，这往往带来大量的无效流通。曾经有报道，我国某省的化肥运输情况显示，同样的一款化肥，本省流出和流入的量大体相等。这就无形当中造成了巨大的物流浪费，而这种浪费的根源在于流通的无序化。

如何解决这个问题，使得流通有序进行呢？

这首先需要流通行业形成规模效应。造成巨大浪费的根源在于处于流通领域的个体规模小，相互独立，各自为战，小而弱的个体在面对庞杂的市场需求时无法集约化、规模化地做出合理的响应。

为了形成规模效应，京东打造了覆盖全国的仓储物流体系。从 2007 年开始京东就大力自建物流体系，京东物流已经可以把商品送达全国所有的行政区县。特别是 2016 年，京东在青藏高原的墨脱县、阿里地区实现了大家电的配送，这在中国电商物流史上具有划时代的意义。

京东打造覆盖全国的物流网络，在流通领域形成规模效应，可最大限度地实现流通的有序化。未来，京东将在这个方面继续更多的努力和尝试，将品质流通之路走下去。

除了规模化，流通的有序化还有赖于信息手段的使用。京东今天能够处理巨大的需求任务，并合理地调配各种资源，通过大数据系统对仓储和物流进行精准预测，甚至通过需求预测来指导生产厂家进行合理的产能分配，这无不得益于信息系统的强力支持。未来，京东的信息系统将会更加自动化、智能化，这将成为京东快速发展的重要支撑。

流通的高效化

流通的有序化带来的最直接结果就是流通的高效化，高效化的流通为品质流通降低了成本，是流通领域收益的重要来源。

昂贵低效的传统流通渠道

在传统的流通模式下，由于流通链条很长，产品的流通成本之高常让人瞠目结舌。我们在商场超市里购买商品通常是按照零售价来付款，比照出厂价可能已经翻了 3~5 倍，甚至 8~10 倍。比如，一件出厂价为 20 元的衣服，到了街边专卖店就可能卖到 60~100 元，到大商场就得卖到 160~200 元。在传统的流通渠道里，产品的流通成本为什么这么高？除了政策体制方面的原因之外，还有一个主要问题就出在多级分销体系上：每经过一级分销商的手，必然要增加一部分成本，多级累加之后的最终售价自然扶摇直上。除了渠道商逐级加价之外，物流成本也是导致产消两端出现巨大价差的重要原因。国家发改委和中国物流与采购联合会发布的《2016 年全国物流运行情况通报》显示，2016 年，社会物流总费用为 11.1 万亿元，社会物流总费用与 GDP 的比率为 14.9%，比上年下降 1.1 个百分点，这个数据仍远远高于发达国家。

对于生鲜类的农副产品，流通损耗也是推高终端零售价的一个重要因素。生鲜农产品的保质期一般都很短，对温度、湿度、压力和水汽成分等外界因素比较敏感。在冗长的流通链条里，生鲜产品的在途时间不仅很长，而且还会被一次次地装卸和搬运，挤压冲撞在所难免，温度和湿度也很难得到保障，流通损耗居高不下就不足为奇了。

电商平台的效率红利

互联网的出现和电子商务的快速发展为解决传统流通领域里的这些问题带来了难得的机会。在产品的制造成本保持不变的前提下，相对于传统的流通模式和流通渠道，电商平台可以采用更为先进的交易模式和信息技术，通过加快信息传输、减少流通环节、缩短流通链条、降低流通成本、显著提升商品的流通效率而获得更多效益。这就是平台的"效率红利"。

之所以会有效率红利的产生，是因为电子商务具备天然的信息传输优势，在用户端实现同样的传播效果所需的成本更低；快速扩展的仓储物流体系使得商品的交付不再复杂，边际交付成本显著降低；便捷的电子支付体系使得资金的回收能够瞬间完成。所有这些不仅使得曾经"位高权重"的线下流通渠道变得笨重而且多余，更为"流通革命"的发生奠定了坚实的技术基础。同时，互联网把"开放共享"的基因传递给了电商平台，使其善于跟关联机构开展广泛的合作，这又使得电商平台的用户聚合效率、资源整合效率和供应链的协同效率大大提升。很显然，电商平台的效率红利不是通过挤压上游的制造业获得的，而是创新驱动技术发展、技术驱动生产力进步所带来的必然结果。

如果我们可以提高流通的效率，从企业的角度看，将得到实实在在的利润，而从全社会的角度来看，将带来每年上万亿元的经济效益。

高效化除了体现在财务收益上，也提升了消费者的体验，让消费者能够更加便捷地购买到自己心仪的产品，节省了大量的时间和精力，并享受到更高水平的服务。

品质背后的精神驱动力

2016年《政府工作报告》中写道:"改善产品和服务供给要突出抓好提升消费品品质、促进制造业升级、加快现代服务业发展三个方面。鼓励企业开展个性化定制、柔性化生产,培育精益求精的工匠精神,增品种、提品质、创品牌。"

在本书构建的品质三角中,可以说品质生产的背后是工匠和创新精神,品质流通背后是守诺和诚实品格,品质消费背后所折射的,则是审美和文化传承。如果从这些角度去解读,可以看出品质经济背后的各种软性驱动力。

工匠与创新精神

从品质三角的角度看,品质经济,特别是品质制造的背后,是工匠精神与创新精神在不断驱动的。

工匠精神就是对自己的产品精益求精的精神,它囊括极致、专注、精确这些特点,每一个细节都力求完美。工匠精神是以匠人为载体的,可以说欲培养一流的工匠精神,必须要培育一流的匠人。一流的匠人不单单指手艺高超,更是一种精神,一种有益于社会、有益于他人的精神。

事实上,人们的消费过程不仅是物质性的,也是精神愉悦的过程,是一种文化传承。商品的流通过程,也包含着非常丰富的文化内涵,其中的人文关怀融化成很多"老字号"的经营守则。

崇尚和培养工匠精神，不仅具有坚实的理论基础和实践依据，而且在当前浮躁短视的社会情绪中，在"脱实向虚"的经济大背景下，对宏观经济的供给侧改革，对促进产业全面转型升级、提高国际竞争力都具有极其重要的现实意义。

在智能化的背景下，创新因素也成为品质制造的不可或缺的因素，通过"互联网＋"改造以后的各种高颜值产品、各种黑科技产品，也成为消费者大力追逐的对象。

守诺和诚实品格

如果说工匠和创新精神是品质制造的驱动力的话，那么支撑品质流通的核心则是守诺与诚实的品格。不论是在流通领域形成健全的品控体系也好，还是实现流通的有序化、高效化也好，都需要坚守契约精神，都需要信守承诺与诚实。

从历史发展的角度看，诚信是经济在流通环节能够做强的核心。不论是 16 世纪被称为"海上马车夫"的荷兰商人，还是我国明清以来的晋商、徽商，这些被人津津乐道的商人无不是在其商业活动中以契约精神为约束的准绳。

品质流通业要求商家需要为高品质商品背书。当前的经济环境对流通领域提出了更高的要求，品质流通成为提升品质经济的主导因素。对于中产阶层来说，没时间货比三家，忙得要死，就是以尽可能短的时间拿到需要的商品，而且要求拿到的东西都是好东西，价格还不贵。对于商家来说，基本要求就是：把好产品选出来，责任是我的。一句话，商家要为优质产品背书，而且价格还不能贵。

今天的京东通过互联网的手段，一端连接了中国最有品质消费需求的广大消费者，一端连接了中国具备品质生产制造能力的广大厂商，京东通过自身的不懈努力，在品质流通领域正在为中国经济形成正向的品质循环而贡献自己的力量。一方面，我们要让消费者能够买到放心、合格、有品质的商品，另一方面，我们要让制造企业能够不断壮大，特别是那些承载着优秀中国文化的制造企业，能够因我们的努力而重新焕发出青春活力。

审美与文化传承

按照马斯洛的需求理论，人的需求层次包括生理、安全、爱与归属、受尊重、自我实现、认知和理解以及审美的需求。马斯洛所分析的七类需求，从消费的角度看，可以通过具体商品的不同形式来满足的。

低层次的需求往往对应商品的功能属性，比如为了生存我们需要食品、饮料、衣服鞋帽等，这个时候我们看中的往往是商品的功能属性，一种商品是否能让我吃饱、是否能解渴、是否能御寒等等。

需求层次越高，越体现精神方面的要求。审美是人心理需求的最高形式，包括对于事物对称性、秩序性、闭合性等美的形式的欣赏，对于美的结构和规律性的需求等。

对于商品品质的要求，是由消费者的审美来决定的。商品包含两重属性：审美价值（商品的特殊使用价值）和功利价值（商品性）。在商品经济发展到较高层次时，商品中所包含的两重价值可以有效地分离，服务于不同的目的，而且随着经济的进一步发展，商品的审美价值的比重将逐渐大于其功利价值。审美价值侧重于满足人的精神需要，消费者会为了满足自身的审美欲望而购买、使用产品或服务。

第 4 章

平台的定力与追求

平台成为品质经济的控制核心,驱动品质三角循环不息。那么平台又是如何运作的呢?我称之为"内建外拉"。所谓"内建",指平台要制定有利于品质经济的规则和品质保障体系;"外拉"指平台通过品质供应链拉动生产商、制造商甚至品牌商提升品质,为消费者提供品质服务。

从服务供应链到品质提升,平台扮演主角的定位逐渐清晰。平台上位以后,也在考验平台运营者的定力和追求。

京东平台发展史

从电子卖场到自营 3C 电商

2016 年 7 月 7 日,有 17 年经营历史的中关村海龙电子城正式停止对外营业。看到这个信息，我感慨万千。海龙电子城的停业是中关村电子卖场时代结束的标志。京东从中关村起步，有人说是京东搞垮了中关村电子卖场，我们还真不敢掠美。中关村电子卖场的倒下，原因当然是多方面的。提到海龙、鼎好和中关村E世界这些卖场，消费者会想起什么？假货、水货、黑导购、强买强卖……这些词都和中关村电子卖场紧密联系在一起。试举一例：去过中关村电子卖场的人都知道，不用进门就会有一大堆人围上来询问你的需求，并极力将你推荐到目标商户那里，这就是中关村著名的"黑导购"。这些导购无比执着，至少会跟随你十几米。他们为什么这么热情呢？原因不言而喻，利益驱动。黑导购的利益显然需要消费者买单，于是，暴利、欺骗便成为商家的通用之举。一个高科技产品的销售地，一个号称中国硅谷的地方，却充斥着假冒伪劣，能不令人寒心吗？

由于"非典"的原因，2004年，京东从中关村电子卖场转型做电商，当时的情况是：2003年，易贝（eBay）以1.5亿美元收购易趣，马云创办淘宝；2004年，亚马逊以7500万美元收购卓越。当时的中国电商还只是内部热闹，线下连锁巨头国美、苏宁对电商不太关心，中关村电子卖场依旧红火。当时京东所有的竞争对手都绝对是大象级的，而京东只是一个小柜台。

京东选择以3C切入电商，也算自然而然的事情。当时京东在线下就是做这一块的，现在看来这个切入点还是不错，这个品类市场容量大、单价高、产品更新换代快、口碑辐射能力强。京东商品质优价廉，用户会主动宣传，从而拉低了用户的获取成本和京东的销售成本。京东前期的竞争对手是新蛋和易迅，新蛋于2001年进入中国，易迅网于2006年成立（同年成立的还有以卖大家电为主的世纪电器网，后改名库巴网）。2009年之前，新蛋是老大，京东是老二，易迅是老三。其实到2007年、2008年的时候，京东就已经超过了新蛋。

经过多年的努力，京东取得了3C在B2C（企业对消费者）市场上的领先地位，成为中国最大的手机、数码、电脑零售商，占线上市场份额超过50%，手机占线上零售份额48%，增速远超其他电商平台增总额11倍以上。

从全品类到POP

2007年，京东就确立了全品类战略。做垂直电商是没有前途的，独立的垂直电商很难存活下去，京东要发展必须有新品类满足用户需求，向全品类扩展。后来的发展证明了这一点。我们不能让消费者认为京东仅仅是一家卖3C产品的电商平台，我们要做的是一家大型零售公司，要服务于普通大众，而不是一个小众的、有非常清晰标签的特定人群。我们先从IT产品、数码通信、小家电开始，然后到大家电、日用百货和图书，在品类扩张上保持了很好的节奏。京东也从一个专做3C产品的电商平台转变为一个一站式消费平台。图书和大家电对京东物品交易平台的完善具有非常重要的意义。为什么呢？图书和电器是风马牛不相及的，进入图书就是一个信号，告诉消费者这是一个电商平台，什么都卖，消费者什么都可以买到。2010年，线上图书的销售额不超过60亿元，当当和亚马逊占据了绝大部分市场份额。图书这个盘子太小了，图书本身也无法给京东带来利润或者销售额。京东为什么非要进入呢？我们把图书定义为战略品类。首先，如果不进入图书市场，要买图书的消费者在京东这里就无法满足需求，京东必须让消费者在京东买到他所有想买的东西；其次，图书产品标准化程度高、品种多，在搜索、浏览的效率上高于其他产品；再次，上京东买书的，初次注册的用户会在接下来的3~6个月在京东上买手机、电脑，然后买电脑外围设备。2010年11月1日，京东图书上线后很快吸引了不少图书品类的用户，成为京东3C类用户。这批用户是伴随着互联网成长起来的，大部分是80后，有比较好的经济基础。图书极大降低了新用户尝试京东的门槛，在京东购买图书的新用户占比在30%~40%，图书刚上线时占比更高。2014年6月，京东图书超过亚马逊中国，在图书在线市场排名第二。因此，图书是京东完善用户生态所必需的。

超过新蛋后，可以说京东赖以起家的IT品类已经占据了市场话语权。图书体量小，百货品类价格低，京东要增长就必须进入大家电这个品类。大家电体量大，一年有七八千亿元的盘子，因此，从利润增长的角度，大家电这个品类也是京东必须拿下的。2011年，京东大家电开始发力，每年建8~10个大家电仓库，从7个城市扩张到40个城市。目前，京东已成为中国线上线下最大的家电零售商，在国内家电网购市场份额高达62%。这意味着电商渠道开始成为家电零售产业的主导者和引领者。

2010年9月，京东开放平台（POP, platform open plan）上线。京东为什么要上线POP？这是自然而然的，自营和POP这两种模式对京东平台都至关重要，而且缺一不可。所有的标准化产品，最终自营一定能够胜出，比如联想笔记本电脑，京东动辄起步就是1万台采购规模，其他卖家采购数量少很多，其采购成本不可能跟京东竞争，因为没有这种规模效益。

但是有一些非标准的商品，自营是没法做的，因为它们品牌高度分散，SKU（库存量单位）数量巨大，如果京东自营的话，成本高，运营效率低，没有优势。这种非标准化的产品，我们必须依赖平台卖家在京东平台上进行销售。比如服装，京东成立后很长一段时间平台上都没有服装。服装是需求度非常高的一类商品，也是网络销售第一大品类，必须把这个类目的品牌引到京东平台上才能满足消费者的一站式购物需求。从消费者的角度来说，消费者希望购物简单、快捷，他们不希望在京东平台上买完电子产品，再到别的平台上买书，然后再找一个平台买衣服，在几个平台上来回切换，这也不符合消费者的浏览、搜索、支付习惯。并且消费者也不希望在售后服务方面各平台都不相同。2010年6月，京东的SKU仅仅10万，到2012年8月，京东SKU也才239万。为什么京东的SKU增长这么慢？因为京东既要让消费者有逛街的感觉，给予消费者宽广的选择范围，也要让消费者有京东平台的商品都是精品的感觉。在京东开放平台之前，京东基本以男性消费者为主，开放平台后，京东的新注册用户大多数都是女性。POP平台对完善消费者生态有不可替代的作用，也是京东走向平台生态的必由之路。

平台规则

提到平台，大家感觉好像很高大上，其实中关村电子卖场就是一个平台，只不过中关村电子卖场是一个物理平台，而京东是一个网络平台。网络平台相比物理平台，打破了地域限制，解决了信息不对称问题。现实中的互联网平台要复杂得多，平台体系中的利益相关主体常常非常复杂和多样。以京东为例，既有自营部分，也有第三方店铺，平台上活跃的用户群体有消费者、品牌商、代理商、运营服务商、物流服务商、推广服务商、应用开发商等等。而且这些群体并不仅仅是通过京东一个平台实现连接或交易的，它们围绕京东平台形成了包括金融服务平台、广告推送平台、物流交易平台、工具交易平台等一系列相关的子平台，这些平台相互连接，形成了一个复杂的平台经济系统。这么复杂的系统没有规则显然是无法运行的，不同的平台有不同的规则，导致的结果也不相同。例如，易贝当初进入中国时，其制定的交易规则偏向卖方，对于买方的退货要求，如果商家无视，易贝基本上不进行干预，结果导致买方对卖方缺少信任；买方担心无法退货，因而不敢买价格较高的质优产品；卖方只有做虚假承诺、卖便宜的假货，成交概率才能提高，形成恶性循环。正是因为易贝在规则方面的缺陷，使其丧失了先发者优势，导致后来的衰落。

京东平台规则一：严审入门证

京东平台最重要的规则就是严审入门证，保证正品行货。京东在开放第三方平台方面非常谨慎，所有入驻商家都要通过企业基本资质、行业资质、品牌资质、商品资质等审核。网上卖家有上千万，京东有的根本不敢碰。为什么？就是因为网上假货、水货太多了。比如化妆品，现在京东仍以自营为主，因为化妆品是正品行货的重灾区，假货、水货太多了。即便是其他卖家做，京东也是选择那些有品质保证的卖家，比如屈臣氏，京东允许它来平台卖化妆品，它也不敢砸自己的品牌。化妆品如果不是以自营为主，而是完全靠几千几万个小卖家来经营的话，那么假货就会泛滥，这几乎是必然的结果。不仅化妆品如此，奢侈品、箱包或者标准化的服装和鞋都是如此。

【案例】与丝芙兰合作，缓解消费者对美妆电商的信任危机

2015年5月，京东与全球化妆品零售商丝芙兰（SEPHORA）达成合作。丝芙兰于1969年创立于法国，1997年加入全球顶级奢侈品牌公司路威酩轩集团（LVMH），在全球21个国家拥有1665家店铺，2005年进入中国，在20个城市拥有128家门店。店内产品包括从护肤、美发、美容到香水等化妆品全品类，除代理大牌外，在彩妆、护肤、工具等品类均有自有品牌。入驻京东也是丝芙兰在全球第一次与综合类电商平台合作。丝芙兰京东旗舰店销售旗下拥有品牌授权的70多个美妆品牌、1200件美妆产品。它的入驻，可缓解消费者对美妆电商的信任危机，为用户提供优质的网购服务。

京东对第三方卖家要求非常严格，如果发现有一个SKU是假的，会按照合约向卖家罚款；京东还跟国家工商总局联合打假，通过技术、消费者评价等各方面的数据分析，一旦发现有卖假货苗头的，京东会主动把卖家的所有资料提供给国家工商总局。同时，京东严管自己的员工。发现假货之后，涉及该商品的三级管理人员一年之内不得升职加薪，如果一年发现三次，相关人员要被开除。京东为此付出了巨额的成本，天天抽检，不惜成本。正是这些规则，保证了京东平台正品行货原则的落地。

京东平台规则二：突出产品

经常网购的人都知道，京东突出的是产品，用户到京东平台上来买东西，我们当然要把最好的东西呈现给用户。

京东非常注重供应商的自身情况，会根据供应商的自身条件给出合理建议，希望供应商给京东平台提供"精品"。企业要做精品必须要有钱，因此我们就给供应商提供供应链金融服务，当然还有物流配送等服务。所以我们是不鼓励价格战的，价格越打越低，生产企业不会做出好产品。这不符合我们正品行货的平台规则。

京东平台规则三：针对性的评价体系

京东平台规则还有一个很重要的是评价体系。京东的评价体系更接近于购买心得，除了星级评分外，还增加了使用心得、优点、缺点等内容，让买家们能够更直观地了解到商品的优缺点。亚马逊的评价系统也是以星级评价为主，买家对于商品的评价描述权重更高，有时候更像是读后感、用后感。

平台品控体系

京东品质保障体系

中关村电子卖场的发展是从暴利开始，引来大量商家入驻，商家榨取高额利润破坏消费者体验，最终导致商家经营困难，电子卖场倒闭转型。中关村卖场的今天应当像一座纪念碑一样，警醒我们电商平台，如果把用户当成傻瓜、冤大头，那么今天的中关村卖场就是明天的电商平台。

所以从创业那天起，京东就特别重视商品质量。京东平台发展到今天已经形成了完整的品质保障体系，包含内部质量管控体系和外部质量保障体系，构建了"诚信、正品和客户为先"的企业文化，确立了对假货"零容忍"的理念。

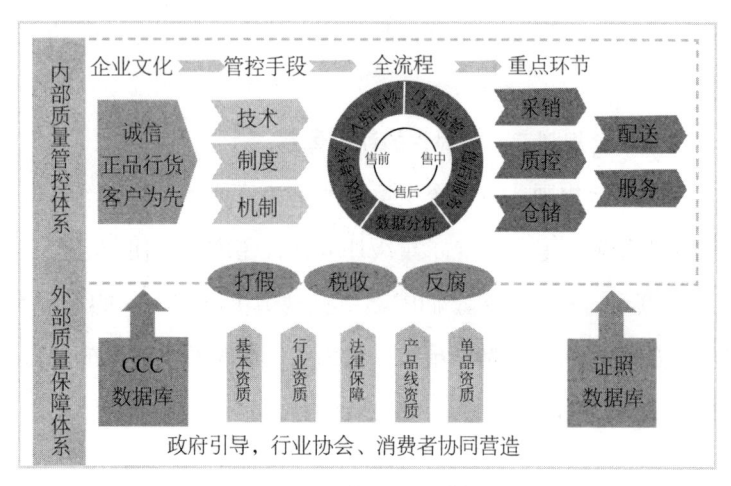

图 4-1　京东品质保障体系

京东从企业文化理念入手，构建模式、建立制度和运用技术，从采销、质控、仓储、配送、售后等环节进行全流程把控。首先是源头直采、加强品控。向质量可靠的生产源头发起直采，是保证正品行货、提升流通效率的有效手段。其次是封闭物流、全程可追溯。要打造商品从工厂发出直至配送到家的闭环物流体系，实现流通过程全程可追溯，不断提升商品在途保管水平。最后要保证快速送达、提供优质服务。

要保障品质，仅仅从企业内部着手是不够的，还需要外部的配合。因此我们又构建了外部质量保障体系，通过搭建京东资质管理平台，积极接入了国家认证认可监督管理委员会的 CCC 认证数据库、北京工商局的证照信息数据库，利用大数据系统对接，实时、动态地监控资质信息，对商家基本资质、行业资质、产品线资质、单品资质四个维度的资质进行认证，通过一步步严谨的规则以及技术应用来守住法律红线。此外，京东还邀请政府、行业协会和消费者都积极参与，共同保障商品品质。

对产品品质的控制

为了保证所售商品的品质，京东从源头抓起，严格商家、商品的准入管理；在销售过程中建立完善的质量监控体系，对商品进行不定期抽检；多渠道布点质控，建立假冒伪劣商品投诉举报通道。

采购和招商的准入门槛

采购和招商是京东把控产品质量的第一道关口。京东采销部门作为京东360度质量保障体系的第一道关卡，每天面对多变的市场需求和复杂的供应商环境，如何做到从源头保障商品质量，其中的经验和奥秘对整个电商行业都具有启示意义。京东在这个环节有着非常严格的把控标准、原则和流程，针对不同品类有不同的管理措施。

国家标准是保障和维护消费者权益重要的依据和标尺。首先，京东做到严格按照国家相关标准执行；其次，京东承诺将积极推动新国标的落地，如先于国家规定的标准实施时间执行标准。在国家工商总局颁布的《网络交易管理办法》正式实施之前，京东率先试行该办法。再次，积极推动"京东标准"体系建设。比如在移动电源领域，目前国家尚无具体标准，京东联合有关机构、领先企业、专家制定了京东移动电源标准。现在，除了移动电源，京东在儿童服饰等领域也推出了"京东标准"，未来京东会在更多领域加强标准化管理能力。

在采购原则上，京东按不同的门类有详尽的规定，根据品牌的行业排名进行选择。同时，京东有将近4000名熟知各行业且经验丰富的专业买手，保证了货源的质量和价格。

在采购渠道上，京东主要从品牌厂商、品牌权利人以及总代和一级代理手中进行采购。对于供应商的选择，京东有一套"2.5法则"：如果某一品类有多个供应商，京东会根据供应商的价格、供货周期、质保能力、响应速度等进行综合打分，然后按照排名进行不同比例的采购，这样的机制能够促使供应商提供更好、更优的产品和服务。

为给用户提供更丰富的商品，京东于2010年上线了第三方开放平台，有些电商平台对卖家入驻实行"零门槛"政策，这样的管理方式成本低，但鱼龙混杂的卖家为网购带来巨大隐患。而京东则对其平台上的卖家实行严格的入驻前审查，只有通过所有资质审查的卖家才能进入京东平台。京东的做法加大了自己的管理成本，但把网购风险挡在了门外。所有卖家在入驻京东平台之前，必须提供完备的资质证件。在签订合约之前，京东还会对卖家进行现场走访，了解卖家的办公地点、经营范围、产能、资产设备情况、质量控制系统和物流系统等等，同时对卖家所售商品进行抽检。

在入驻商家的资质审核、合同履约等方面，京东也建立了非常严格的把控标准、原则和流程，针对不同品类有不同的管理措施，甚至与专业的信用评价机构合作来获得商家的评估报告。所有入驻商家均要通过在线入驻系统提供入驻资质，如食品类商家需要提供：企业基本资质（如营业执照、组织机构代码证、税务登记证、开户行许可证等）、行业资质（如食品经营许可证、食品生产许可证）、品牌资质［如商标注册证、逐级销售授权书（从品牌方到供应商的完整授权可追溯）］、商品资质（如检测报告）。进口食品需要提供：进口商品的报关单、入境货物检疫证明、卫生证书等等。以上资质经专业资质审核团队审核通过后商家方可入驻平台，同时，相关资质都会按照《食品安全法》的要求在系统中进行存档留存。

京东正在从更多维度推动与外部社会组织及监管机构的合作，对问题商家和商品不仅做到事后检测，更能提前到事先监控，在进入京东平台前即能将问题商家或商品截留。例如京东正与工商部门开展合作，实现工商系统与京东系统的数据对接，这样，一方面运用监管机构的数据发现问题商家，将问题商家阻挡在京东平台外，另一方面则能将京东平台上的消费者投诉反馈信息共享给监管机构及更广泛的社会组织机构。

销售过程中的质量监控体系

京东基于大数据技术自主开发了"商品质量管理系统",实现了对所有商品的矩阵式管理,对在售商品进行风险评估和筛查,主动发现潜在质量风险。该系统将不同属性的质量问题进行分层,再根据问题的严重性进行分级,并对商品进行全流程监控,记录商品在每个节点的信息,能够追责到供应商甚至生产企业,从而形成对商品质量的矩阵式管理。这套系统集合了质量舆情监控、内外部抽检、客户投诉、质量退换货、前台评价、相关法规、标准更新等信息,能够帮助京东及时且最大限度地对商品质量进行把关。

另外,京东还开发了一套"网络关键词甄别系统",在日常页面审核工作中,面对难以计数的销售信息,这套系统通过对违规关键词的检索,大大节省了审核的时间和人力成本。京东还在研究如何用技术手段对图片信息进行有效识别,争取在图片审核中铲除质量隐患。未来,京东还将进一步强化智能识别追踪、关键字命中、交叉数据分析、大数据建模等技术手段,更加精准地识别问题商家及商品。

对于第三方卖家,京东在与卖家签订的合同中明确约定了"正品保障""如实描述""无理由退换货""先行赔付"等规则。为了保证卖家所售商品的质量,京东设立了专门的质检部门,并拿出专门的预算每年对第三方平台的所有品类进行质检抽查。如果发现卖家违规,如销售假货、二手货、不合格产品等,京东将对卖家处以高额罚款,直至关店、解除合作关系,在国家工商总局"红盾网剑"行动等国家监管基础上,平台企业自觉先行进行了有效的内部监管。另外,京东每年对卖家的表现进行两次定期审查,如果连续三个月没有销售或总评分低于标准,京东将有权与卖家解除合同。这些严格的考核指标,有效保证了用户在京东的第三方平台上购买到优质的商品并享受到便捷的服务。

每年年初,京东质控部门都依据国家工商总局、国家质检总局、国家食品药品监督管理总局抽检的年度计划,公司促销计划和部门常规抽检需求,以及"商品质量管理系统"中的监测结果等,制订抽检计划。然后借助第三方权威检测机构的力量对商品进行检测和鉴定。这种"神秘抽检"京东在售的所有品类商品的行动,每年至少都会开展一次,重点品类的商品每年可能会被抽检2~4次,甚至更多。除了依托第三方权威机构的检测,京东还积极引入社会监督,建立由社会各行各业人员组成的"京东质量观察团",从消费者的角度反馈和监督京东商品质量。

京东积极为用户搭建起各种平台,让他们学会辨别真伪,如2015年"六一"前夕,京东又联合天祥集团举办"放心买—爱宝贝"活动,为家长宣讲儿童玩具安全知识,并现场演示玩具检测过程,同时引导用户树立"正品行货"的消费意识,最大限度地保护用户合法权益。

除了维护用户利益外,京东还希望和供应商以及卖家共同发展。京东为供应商和卖家组织了多种形式的品控培训，以提高相关企业的业务水平。例如在线和面对面的授课式培训、案例分享和知识库等书面培训。京东还开发了供应商管理系统，对供应商进行分级管理，并实行奖惩激励，从而实现产业链企业在质量管控方面的共同发展。

多渠道布点质控

京东通过严审商家资质、严控进货渠道、抽检、自主研发的质控系统、严厉处罚以及无忧退换货等，率先创立了电商行业的产品品控体系和标准。京东对商品品质管控的目标，不单是要通过先进的技术手段，将不合格商品从上亿数量级的在线商品中识别并剔除，也不单是要通过内外部力量的联合，实现售前质量检查和售中即时监督，更希望通过自身的努力，服务好用户、供应商和卖家，捍卫京东"正品行货"的品质理念，最终做到让质保没有边界。

对服务品质的控制

电商发展到今天，用户消费开始从标准化商品向非标准化商品过渡。越来越多的人不再单纯为商品付费，而是为服务付费。服务品质成为提高客户购物体验，增加客户黏性的重要手段。对京东这样的平台来说，如果某个环节出了问题，例如物流不给力，用户不会说这个店家不好，而会觉得京东的服务不好——对用户来说，京东这样的平台提供的是一个整体的服务，因为用户不会管是哪个环节出了问题。因此京东平台必须充当"第一服务商"的角色，为平台所提供的服务进行背书。也就是说，平台需要输出的价值必须包括管理红利、品牌红利和信息化红利，以确保提供给客户的是全流程服务，而不是某个环节的服务。

电商购物从用户下单到最后交易真正完成，包括退换货完成，我们计算过，大概有34个大的节点、100多个具体流程动作。这里面任何一个动作出现问题，用户都可能会停止购物。因为不像在线下购物，用户的退出几乎没有成本。所以说，从整个零售业来看，电商企业的服务其实是最难做的。

我们把整个服务过程，像供应链的"十节甘蔗"理论一样分成一小段一小段的，然后把它们放进整个链条中，最后通过信息系统把它们拼接到一起，变成一个无缝的完整链条，保证整个用户购物过程的完美。

客户需求

京东运用大数据技术精准分析客户需求。具体方法是，后台系统会记录客户的浏览历史，后台会随之把顾客感兴趣的库存放在离他们最近的运营中心，这样方便客户下单。京东通过消费习惯大数据分析，可以提前判断消费者可能出现的购买行为，实现"未买先送"，减少消费者在网络购物过程中的等待时间，提升消费者的购物体验。京东做iPhone6首发时，利用大数据预测实现的"移动商店"让第一个用户从下单到收货仅用了13分钟,而在iPhone7首发时,这个纪录被刷新到了3分52秒,充分体现出技术进步为用户带来的巨大惊喜。

为了方便消费者,京东推出了"先消费,后付款"的白条业务,这是国内互联网金融行业第一款信用消费产品。根据消费者的ID(账户)号,我们能看到客户在京东上的各种消费行为、浏览路径,同时,我们又在网上抓取大量的信息,平均每天在网上大概能抓取数千万个个人数据,实际上是对客户的ID号进行的一次信誉收集,决定到底是给客户5000元,还是给客户5万元授信,最高的授信可以达50万元。

物流服务

在物流服务方面,目前,京东是全球唯一拥有中小件、大件、冷链、B2B、跨境和众包(达达)六大物流网络的企业。京东物流在全国范围内拥有263个大型仓库,运营了9个大型智能化物流中心"亚洲一号",中小件物流网络实现大陆行政区县100%覆盖,自营配送覆盖了全国99%的人口,将商品流通成本降低了70%,物流的运营效率提升了2倍以上。京东52%的订单是在6小时内送到客户手里的,92%的订单是在24小时之内送到客户手里的。京东的客户时效和服务标准,成了全球标杆,也让京东获得了数亿客户的信任。京东正在形成包括211限时达、京准达、极速达在内的阶梯式、个性化的行业标准。

客户服务

京东提供的是 7×24 小时不间断的客户服务，创建了技术系统识别和预测客户需求，根据用户的浏览记录、订单信息、来电问题，定制化地向用户推送不同的自助服务工具。大数据可以保证客户随时随地电话联系对应的客户服务团队。

京东建立了以北京、上海、广州、成都、武汉、沈阳、西安为核心，覆盖全国的服务网络，为消费者提供全流程服务消费支持。客户对服务的需求也是一个逐渐升级的过程，最开始的时候，我们的业务发展人快，呼叫中心接起率很低，当时客户的要求是能接起电话就行；等解决接起率问题之后，客户就要求服务态度要好；等态度好了，客户又觉得不仅客服态度要好，还得解决问题。呼叫中心要求客服给出两种以上方案给客户选择。2014 年则变成了不仅态度要好、能解决问题，还得告诉客户未来如何避免这种问题。2014 年京东渠道下沉后，大量新用户涌入，儿女在外地的三四线城市的老年人也打电话进来，客服得教他们如何网购，授人以渔。

显然，电商时代的客户服务与传统商家的客户服务全然不同了。从客户服务环节收集的反馈可以前瞻性地用于未来产品的设计研发，因此，了解客户的需求，精准解读他们如何联系和交流，如何发现产品以及他们的偏好和期望，将构成新的核心竞争力。

售后服务

在售后服务方面，京东也主动承担责任和风险，保证消费者的基本权益。京东售后秉承"客户为先"理念，以"简单·专业·快"为指导思想，为客户提供"全国联保，网上一站报修""7（天）×24（小时）"电话和在线咨询服务。依托强大的技术优势和团队智慧，京东售后通过大数据分析精准定位用户需求，先后推出闪电退款、售后100分、上门取件、上门换新、售后到家、优鲜赔、粤语售后等多项特色服务。针对第三方平台的售后服务，京东设有专门的仲裁服务及客服支持人员，解答消费者的咨询并积极协调卖家处理消费者遇到的售后问题，承担协调员的角色。另外，为了更快解决消费者的售后难题，若符合"先行赔付"的规定，京东会优先为消费者赔付款项。如消费者投诉商家超时发货，京东客服在通过系统核定超时发货情况属实后，京东客服会先行赔付订单总金额的30%（不超过500元）作为赔偿金，以全面保障消费者利益。

京东还专门成立了客户关怀部，日用百货、母婴类产品凡涉及安全、健康问题的，分给各类专家专门处理客户的投诉。

技术提升服务品质

在技术方面，京东利用IT技术将货品运输、装卸、下单、配送、退货等整个流程进行数字化管理。京东在业内率先使用了大数据、人工智能和云计算进行仓储物流的管理，创新性地推出预测性调拨、跨区域配送等服务。京东充分利用数据挖掘、人工智能和机器学习等技术，为消费者提供个性化服务。在个性化推荐中，京东将目前的商品推荐扩展到精准个性化、实时化、全覆盖、平台自学习等层次，即使是第一次来京东购物的用户，系统也能根据用户的地域、浏览痕迹和行为，实时为用户打造专属于他的页面，推荐个性化的产品。

京东还针对移动端推出了拍照购以及虚拟试衣等技术。京东推出的虚拟试衣间，一张照片即可模拟穿衣效果，打造了线上买衣新方式，终结"试穿靠想、搭配靠猜、尺码凭经验"的试衣难题。

为供应商提供服务

除了为消费者提供品质服务外，京东也希望为商家提供完整的服务。京东希望做到商家只需要把它们的货品发到京东的库房，其他的问题都由京东来解决，包括处理在线订单、包装、物流、退换货等。京东提供的服务价格，将远低于商家自己租仓、自己去找第三方配送的费用。此外，京东还计划不断开放其他的服务，比如售后服务的开放、呼叫中心服务的开放，还有数据的开放、支付的开放。所有这些都将成为京东的开放服务业务，以提升整个电商的服务品质。

当然，电商商品质量和服务的提升除了京东自己的努力外，还需要不断完善有助于品质电商发展的公平有序的法律法规、监管手段、技术标准、知识产权、信用体系等环境，从而为整个生态系统提供良好的发展空间和环境。

承担应有的社会责任

现在电子商务已成为流通体系的重要组成部分，已成为国内经济和消费的助推器，但假货、腐败、偷漏税等不正当行为日益引起社会各界关注，成为摆在电商平台面前的迫切需要解决的新课题。作为中国线上线下最大的零售商，京东会承担起应有的社会责任，与假货、腐败、偷漏税等不正当行为坚决做斗争。这也是京东品质保障体系中的重要一环。

打假没有终点

电商平台现在虽然还处于上升期，但假货、水货在电商平台上仍然屡见不鲜，国家统计局发布的《2015年网购用户调查报告》显示，有75.9%的网购用户认为网购商品质量参差不齐，还有38.5%的网购用户认为网售商品和网站的宣传不一致，另外，某些网站还存在价格欺诈。这些都使得消费者对于网购消费环境评价不高。这像极了最初的电子卖场。电商不是实体卖场，依赖的就是流量，一旦失去用户，都无法像中关村卖场那样转型。

为什么网上的假货、水货那么多？其实最核心的就是卖假货、卖水货的人利润高。举一个简单的例子，比如说我卖一个东西，品牌一样，东西一模一样，3万个卖家卖一模一样的，你比我便宜一角，我就再比你便宜5分钱，竞争到最后，根本就没有利润了。这个时候有一个卖家聪明，卖假货反而有利润了，有了利润，就有钱买流量，又赚钱又能排到前面去，结果导致卖正品的人不得不去卖假货，你要卖正品，不可能赚到钱。假货价格便宜，排名又比你靠前，卖的量也比你大，好评度比你还高。平台同时也获得了好处。所以说这个卖假货的商家和平台的利益是一致的。这就导致"劣币驱逐良币"。这就是目前中国电商行业普遍存在的一个现象。

再有就是过度价格竞争，倒逼了产业链。为什么中国品牌最近五年以来品质越来越差呢？就是因为有平台放大了消费者追求便宜的偏好，最后倒逼品牌商不断降低成本，成本降到一定程度以后，只能降低质量。一旦整个国家产品的品质和品牌形成这种很差的印象，我们就很难走出去，即使我们出去了，人家会说你的产品不行，为什么呢？因为全世界都知道中国有山寨货，有假货，一提到中国就跟山寨货、假货联系起来。

如果我们京东把假货、水货放进来，我们会赚很多钱。举个例子，卖一双假的阿迪达斯或耐克的运动鞋，随便打上个标识就可以赚200元钱。但卖正品行货的，可能一双鞋只赚一二十元钱。所以，这样的商品我们要么自营，要么就坚持必须是品牌商授权的经销商才可以来做。

不卖假货、水货，把假货、水货当天敌、死敌，是京东人的永恒价值观。公司想赚钱太容易了，但是不该赚的钱，京东永远不会动一点点脑筋，不会花哪怕一秒钟的时间去思考。因为用这些渠道去赚钱，哪怕真的赚钱了，有利润了，我们也不会感到骄傲和自豪，相反，我们会有深深的羞耻感。为了贯彻公司对假货零容忍的基本原则、强化《关于对京东商城假货事故的问责管理办法》的执行，我们成立了京东假货处理专项小组，建立了包括客服、售后、公关、采销、法务、质控等跨部门联动协作处理机制。

反腐永远在路上

有一些公开报道指出，多家大型互联网公司曾出现过员工利用职务之便牟取不正当利益的案例，其中包括有偿删帖、高价采购、收受贿赂以及篡改数据等腐败手段。这些内部腐败问题不仅影响了互联网公司声誉和经济利益，打破了公平竞争秩序，并激发了产业的灰色地带，也在一定程度上使得互联网行业的秩序发生混乱。

互联网反腐，任重而道远。需要探索出一套适用于电子商务的权力制约机制，对电商企业来说意义重大。下面说说京东的做法。

腐败零容忍

腐败行为是对社会公平公正和商业伦理的践踏，是少数人对大多数人努力与付出的严重侵害与剥夺。京东绝不姑息和放纵一丝一毫的腐败行为，对于腐败现象坚决零容忍，对于涉贪员工绝不姑息，情节严重者会移交司法机关处理。同时，对于违法违规的商家，京东将永久终止与其合作。2016年"双11"前夕，京东首次实名对外公开10起内部腐败事件，涉及收受供应商贿赂、职务侵占、索要供应商礼品、接受供应商宴请等违法违规行为，部分人员已被刑拘，涉及非国家工作人员受贿罪等罪名，显示了京东对腐败零容忍的决心和力度。

制度防腐

电商反腐，健全的规则是前提。京东早在2009年就成立了监察部，2011年底又设立审计部，二者合并组建为审计监察部，负责公司的独立监控和诚信防腐工作。2012年11月起，审计监察部更名为"内控合规部"，直接向首席执行官汇报工作。

内控合规部负责内部监察和审计。监察主要指针对个别问题的预防和调查，审计则从业务的角度对局部问题进行全面核查。内控合规部的人员除了来自传统行业的反贪人员以外，还有内部对此项工作有兴趣的人员，甚至还有此前做过采销的人员又返回来学习主要针对采销的反腐。

京东反腐败有三项基本原则、"三不"反腐机制和三大具体举措。三项基本原则分别是对腐败零容忍、人人反腐和ABC问责制。"三不"反腐机制是建立起让员工"不想、不能、不敢"腐败的机制。三大具体举措是：建立健全的反腐制度；建立完善的反腐培训和宣传机制；设置专职的反腐败部门内控合规部，公司赋予该部门唯一的腐败调查权。

在三项基本原则中,零容忍是根本,同时结合人人反腐和ABC问责制,督促员工从身边做起,提高反腐意识,并通过直属领导的问责制加强反腐力度。为了防止权力腐败,京东启动了高管轮岗制。

ABC问责制。京东管人是两级管理机制,C的招聘、升职、加薪、开除、辞退、表扬等,都应该由A和B共同来决定,即上级以及上上级。ABC原则的核心是避免管理者一个人说了算,一手遮天。

按照公司的ABC原则,C违规被开除,B(C的上级)和A(B的上级)都要记过,如果记过两次就要降级。如果上级发现异常,主动报告,可以免责。有次做促销活动送iPhone,有位员工将中奖名单换成自己妻子和朋友的名字,他的领导感觉不太正常,让监察部查一查,最后把iPhone追回来,人则开除。

京东和所有合作伙伴签订反腐协议,发放反腐手册,留下举报的联系方式。按照京东规定,京东员工不得收受任何价值的财物,未经许可不得出席宴请等。只要有员工试图索贿被供应商发现检举的话,京东会立即给予检举方高额奖金。另外,供应商和卖家都有签署《反商业贿赂协议》,规定合作方不得行贿,有监督举报的权利,并商定将当年交易额的30%或10万元违约金作为反腐败赔偿额。员工可以跟供应商吃饭,但是必须跟行政部门、直接上级备案。例如有大家电供应商向京东举报,当地某位大家电仓储管理人员跟另一家供应商吃饭，查实之后，发现的确吃了大排档——几十元的螃蟹粥，照样开除了。部门被罚款5万元，作为对举报人的奖励。

京东出台《京东集团举报人保护和奖励制度》，并将设立每年高达1000万元人民币的反腐奖励专项基金，对于举报违规行为并查实的举报个人或举报单位进行高额奖励。根据该制度规定，京东已对举报违规行为的某供应商和某内部员工分别奖励了50万元和3万元人民币。

京东集团还正式上线了反腐网站"廉洁京东"（lianjie.jd.com），该网站将连同"廉洁京东"微信公众号，一起面向所有社会公众开放，实时同步京东内部反腐工作动态，鼓励公司内部员工、供应商及合作伙伴积极举报腐败行为，共同打造诚信的商业环境。

对腐败零容忍的态度决定了京东为实现商品品质的保障，不仅通过具体措施来加强管理，也从运营模式的高度来强化保障。基于此，京东采销部门探索出采购分离的工作方式，即采购人员只负责将供应商"采"进来，"购"多少由销售人员负责。采购和销售单独考核，从而实现互相监督，尽量避免滋生腐败。在第三方入驻审核部分，京东也采用多部门协同串联机制，由资质审核部、招商部分别审核，避免出现"一人垄断"的审核情况，以确保招商的公平公正。一旦发现质量问题，京东对整个链条上的各层级负责人、执行人都将实施处罚。

技术和大数据防腐

只要有权力寻租空间，互联网贪腐就抓不完，还是要靠系统，减少人为干预，才能减少权力寻租的机会。供应商也认同通过技术手段来关闭权力寻租空间。一位供应商表示，应该实施依托全系统的采购平台，前后端全都依靠系统完成，比如，哪个商品好卖不好卖，好卖到什么程度，预计增长会有多少，系统会自动抓取数据，并完成下单，不需要人工参与。在京东智慧采销系统中，京东大脑将集成采销知识、经验和思维决策，辅助数千位采销人员对产品进行促销、定价等操作。这种"动态定价"工具，借助大数据模型权衡季节性、生命周期、友商价格等多重因素，从销售额和毛利两方面衡量商品定价调整的空间，做到更加缜密科学的商品价格设定，一旦有异常就很容易发现。

同时，京东也希望通过价值观宣导的方式，践行诚信、正道成功的企业文化，带头为全行业营造良好的商业氛围，进而推动整个社会的诚信建设步伐。

税收面前的公平

电商的虚拟化、无纸化、无址化，造成传统税收管控手段失灵，相对于传统交易，对电商征税没有抓手，无法操作。加之相关法律法规存在真空地带，客观上造成部分电商未依法履行纳税义务。

随着电商的迅猛发展，电商纳税问题日益凸显，主要存在三个问题：一是传统零售商是纳税的，而电商是不纳税的，从商业本质看，电商与传统商户均属经营行为，只是在交易方式上不同，这就造成了传统零售商和电商之间纳税的不公平；二是在电商行业内，也存在规范经营的依法纳税、不规范经营的不纳税的现象，造成电商之间税负不公平；三是造成国家税收流失。2016年12月，中国税收与法律高峰论坛发布了中央财经大学财政税务学院课题组的《电商税收流失报告》，该报告指出，由于税收征管能力弱和纳税人主动纳税意识不强等原因，电商交易的总体税收流失额正逐年攀升。课题组预测，2018年C2C电商少缴税数额可能会超过1000亿元。

从以上三个方面来看，电商不纳税不仅造成国家税收流失，也破坏了市场统一和公平竞争。

从美国、日本、澳大利亚、新加坡以及欧盟等国家和地区的情况看，对电子商务采取与传统商务基本一致的税收政策、税收法律是通行的做法。我国许多媒体对美国《互联网免税法案》误读为美国对电子商务免税，该法案实际是对互联网接入服务的免税，而不是对电商交易免税。根据澳大利亚《先驱太阳报》的报道，澳大利亚从2013年对平台卖家初步调查到2015年全面稽查补税，要求平台将近4万个账号记录在2015年6月30日之前全部提交给有关机构进行在线审计。这些账号的所有者包括15000名个体卖家和20000名企业卖家，销售金额均超过10000美元。澳大利亚税务局把这些销售记录跟其掌握的纳税数据进行匹配，以此确认哪些在网上销售商品和服务的个人和企业没有纳税。那些未申报收入、低报收入以及没有申报消费税的卖家将成为审查的重点。澳大利亚税务总局根据购物网站提交的数据,对其掌握的纳税资料进行核对,进而发现网络零售商的纳税情况是否符合其注册、申报、给付等义务,通过对网络零售商的销售数据进行审查,保护了依法纳税的企业免遭不公平竞争的伤害。

公平竞争是市场经济的基本要求,其中当然包含税收待遇公平。对于销售同样货物或服务,只是交易形式不同的实体店和网店,应当按照统一的税收法律规定课税,保持税收公平。按照实质课税原则,电商与传统商户应适用同样税收待遇,承担相同纳税义务。对于规模电商应根据其经营项目和内容,按照现行增值税、营业税、企业所得税和个人所得税有关规定履行纳税义务。对于小规模电商,可采用我国小微企业税收优惠政策。这样既鼓励成熟电商规范经营、公平竞争,也扶持小微电商发展、壮大。

由于电商与互联网技术结合紧密,建议提高税收征管的信息化程度,针对电子商务特点,设计科学有效的监管措施。需大力推广应用电子发票等税控创新工具,以适应我国互联网的快速发展。

【案例】京东电子发票实践

电子发票作为全程电子商务的最后一环,对电子商务实现电子化、数字化、网络化和无纸化起着重要的作用。2013年6月27日,中国电子商务领域首张电子发票诞生于京东总部。同年10月，京东正式面向北京地区个人消费者推广全品类电子发票。2013年12月、2014年6月、9月和12月，华东区、西南区、华南区、华中区陆续上线电子发票，京东电子发票覆盖范围扩大至20个省、市、自治区。2016年12月31日，京东POP商家（奥康）电子发票通过服务平台成功开具。现在，所有的POP商家已经可以通过京东POP电子发票服务平台进行电子发票的托管、开具、发送和查询等服务。

电子发票不需要纸质载体，没有印制、打印、存储和邮寄等成本。对消费者来说，电子发票使用和查询非常便捷，更方便顾客保存，避免发票丢失造成的不便。对企业来说，不但减少了纸质消耗，降低了与交易相关的出行、交通、结算凭证等消耗，还提高了供应链的纳税透明度，企业可以节约大量费用。对社会来说，电子发票更加绿色环保。截至2016年底，京东电子发票累计开具量已经超6亿张，覆盖30个省、市、自治区，节约相当于300多吨优质纸张、2000多棵成年树木，减少200多吨的二氧化碳排放量。

此外，税务机关通过电子发票系统可实时取得网络销售的真实数据，有助于解决我国电子商务发展过程中诚信体系建立的难题。京东电子发票成熟的实践成果，使社会各界进一步意识到电商纳税与规范诚信的重要性，为国家经济大数据战略、政企信息化和公平税制奠定了方案和技术基础。

中国电子商务领域取得了巨大成绩，但侵权假冒等问题严重扰乱了正常的市场秩序，损害了中国的国际形象，已成为中国电子商务发展的一颗"毒瘤"。作为行业龙头企业之一，京东积极承担行业和社会责任，为促进电商行业品质化升级、助力品质经济发展出一份力。

2017年2月24日，由京东倡议，联合腾讯、百度、沃尔玛中国、宝洁、联想、美的、小米、美团点评、唯品会、李宁、永辉超市、佳沃鑫荣懋等知名企业以及中国人民大学刑事法律科学研究中心共同发起的"阳光诚信联盟"正式成立，该联盟旨在通过互联网手段共同构筑反腐败、反欺诈、反假冒伪劣、打击信息安全犯罪的安全长城。

打造诚信、公平、公正的商业环境，是京东与众多有社会责任感的企业的共同追求。京东将持续推进打假、反腐工作，在商业活动中秉承诚信原则，以互联网开放、透明的精神，打造新时代下的商业文明，推动经济叮持续发展。

平台的大数据资源

未来5~10年，整个经济在互联网驱动下会发生非常大的裂变。数据正在崛起，技术、数据量和算法正在构成一个新的业态。数据化，本质上是将一种现象转变为可量化形式的过程。我们已经看到，自己在互联网上留下的每一处"足迹"都被数据化地记录下来，成为判断每一个用户的个性化需求并推送商品广告的关键依据。数据就像电能一样，将构成信息文明时代的运作框架、基础设施的一部分。未来所有的产业、企业都将迁移到另外一片由数据构建起的新文明大陆上去。

数据就是当下企业最核心的资产和创造价值的源泉。数据正在成为企业的一种新的资产。数据资产将是继财务资产、人力资产和知识产权资产之后企业的第四种资产。而且，未来数据资产在企业资产里的价值将会变得越来越重要。

与传统零售不同，在线零售的天然优势在于消费者的购物动作都可以转变为数字化的日志记录。京东在中国电商中可以说拥有最完整、最精准、价值链最长的数据，这是数亿中国用户真金白银的购买行为诞生的数据。京东大数据平台数据总容量已突破200PB（拍字节），每天新增超过1.5PB数据，每天约有20万个报表分析作业运行，日处理数据量达到150亿行。在庞大的订单量背后，京东的数据链记录着每个用户的每一步操作：从登录京东商城浏览、选择商品、页面停留时间、评论阅读情况、是否关注促销到加入购物车、下单、付款，最终是否有售后和返修，用户的完整数据都被记录下来。这些数据不仅"实时"，而且在以成倍速度增长。也就是说，京东已经形成一个储量丰富、品位上乘且增量巨大的大数据金矿。

用户画像：比你懂你

在大数据时代，起点是用户，终点是回归用户，用户生成数据，这就是大数据时代的特点。

随着京东用户订单数据的积累和用户消费信息的日趋完善，消费者和商品之间的关联程度将变得更加完整，对于这些海量数据的解读成了一个必须要解决的问题：一是运营人员需要知道，这些数据背后的用户是一群什么样的人；二是 IT 系统也需要运用这些差异化的用户信息来实现智能化的网站功能。

这就是用户画像所要解决的问题：一是让人理解数据，二是让机器理解数据。把特定业务场景的用户精准细分出来，并且用人和机器能理解的语言描述用户特征。将用户行为数据转化为机器可理解的语言，计算机就可以识别出来，并可以很好地应用到各种场景中去，通过系统的计算来代替大量人工操作，实时高效地为用户提供各种贴心的商品和服务。京东用户画像可以还原用户的属性特征、社会背景、兴趣喜好，甚至还能揭示内心需求、性格特点、社交人群等潜在属性。了解了用户各种消费行为和需求，然后精准刻画人群特征，并针对特定业务场景进行用户特征不同维度的聚合，就可以把原本冷冰冰的数据复原成栩栩如生的用户形象，从而指导和驱动业务场景和运营，发现和把握蕴藏在海量用户中的巨大商机。

精准营销

节约营销成本

"我知道营销费用至少浪费了一半以上,但我永远不知道是哪一半。"大数据使得上述传统营销的梦魇不复存在。我们把通过大数据分析得出的用户画像的标签体系做成系统提供给营销人员,业务部门每次的营销活动就可以根据自己的品类、品牌、商品特征及具体的业务目标来自主筛选相应的用户标签,匹配出符合的目标用户群。由于用户画像系统和营销系统、分析评估系统是可以打通的,这样在每次营销后都可以通过分析评估系统反馈营销效果,形成"用户筛选—营销活动—效果反馈"的营销闭环,通过逐次活动的数据积累和改进,循环提升营销效果,降低营销成本。

提高用户满意度,提升用户体验

在这个信息过剩的互联网时代,用户对商品信息推送是有很大需求的,但是狂轰滥炸的无差别广告只能引来用户的反感、抗拒,最终导致用户流失。丰富的用户画像体系可以解决营销中重要的3W问题,即什么时候(when)把什么商品(what)推送给谁(who)。这样就很好地平衡了精准和覆盖的问题。比如京东的电子邮件营销可以结合各种场景筛选用户画像标签来设置邮件内容,在合适的时间给合适的用户推送合适的商品信息。京东实践表明,对用户进行个性化定制的电子邮件营销和商品、优惠券、信息推送等，可以大幅提升打开率和订单转化率，同时最大限度地减少用户的反感。

客服 CRM

用户画像还可以为客服 CRM（客户关系管理）提供很好的数据参考。比如可以刻画用户概况，包括用户消费层次、风险、爱好、习惯等；客户忠诚度分析，包括品牌、商家忠诚度、持久性、变动情况等；客户性能分析，包括客户所消费品类、渠道、地域的分布；客户未来分析，包括客户数量、类别、发展趋势、未来价值等；客户促销分析，包括客户对哪些类型促销敏感等。

用户画像可以使客服系统对用户的理解更加深刻，对于用户的需求更加了解，可以为用户提供个性化的交互服务，最终目标是吸引新客户、保留老客户以及将普通客户转化为忠诚客户。

个性化

互联网和电商的发展越来越强调个性化用户体验，个性化就是针对每个群体个性化的需求来展示不同的页面，这背后关键技术之一就是精准的用户画像。精准的用户画像描述了用户的社会背景、身份属性、兴趣爱好、购买行为、浏览习惯等特征，相应的网站布局、导航结构、品牌选择、商品陈列、广告展示等都可以做针对性调整，为用户提供舒适、便捷的购物体验。例如，在 2016 年京东 "6·18" 品质狂欢节活动中，京东商城应用了用户画像为消费者提供个性化的推荐，并将消费者的行为数据反馈到供应链执行中，稳定了大促期间商品的库存可用性，同时也保证了货物的及时送达，可谓真正意义上的双赢。

通过用户画像还可以满足消费者个性化定制需求，促进生产商向C2B（消费者对企业）模式转型。京东智能小站上的家电用户画像显示：消费者对冰箱的期待已不仅局限于保鲜、冷冻等功能，而是希望冰箱成为家庭的"健康营养"中心，帮助用户更高效安全地管理食材和保鲜，即高品质、有个性、健康智能的家电正在成为年轻一代消费者的新宠。针对消费者的这种需求，京东联合博世家电发布了首款定制冰箱——维他智享三门冰箱。这款冰箱与微信平台连通，用户通过微信服务号即可轻松了解食品的保质期。该服务号还会基于冰箱内食材推荐速配菜谱，帮助用户合理搭配膳食。此外，该款冰箱配备了抗菌劲风功能，活性炭和溶菌酶组成的过滤器可以吸收冰箱异味并防止二次污染。根据消费者的生活需求，此款冰箱还配备了快速解冻盘，为消费者节约烹饪时间，自在享受厨房生活。

O2O

用户画像可以提供不同类型用户在地理位置上的分布情况，为O2O（线上到线下）战略提供精准的数据支持。比如对于商超、便利店、自提点等的智能选址，可以通过用户购买能力、家庭组成、年龄、职业、活动范围等特征来评估实体店面附近的用户数量、消费水平、消费结构、消费风格、客流规律等，对于实体店面的建设有很强的参考价值。

金融信贷

用户画像提供了丰富的用户标签体系，可以为个人信用评级提供详细的数据参考，比如根据用户的年龄、文化程度、职业、家庭状况、购买习惯、购买能力等，可以对用户信用进行全面了解和评估，可以应用于信贷评分，并进行相应程度的金融信贷支持。

为商家服务

京东用户画像还可以为商家提供服务。用户画像的诸多维度和订单、商品、流量等指标进行组合，就能快速实现智能分析，并可根据数据对比分析提供专业有效的建议，将数据转化成知识和决策供 POP 商家使用。如京东大数据智能工具"京东商智"，可以进行数据化分析，具备全面性、精准性、实施性、指导性、分析性等多重优势，有效辅助电商企业实现精准化决策。京东商智用智能化的方式帮助商家甚至厂家进行价格调整和选品决策，让产品更加适合京东的受众人群。

大数据驱动供应链

基于大数据的销售预测是供应链管理的源头和基础能力，利用人工智能和大数据，京东可以做到对商品的销量进行精准预测。通过多年积累的数据，京东利用多达15种的预测模型，建立了多种业务预测系统架构，提升系统计算性能，可以预测未来28天内的每一天京东每一个仓库应该让供应商储备多少商品。

根据京东平台的粗略测算，1%的预测准确度的提升可以节约数倍的运营成本。比如商品在首发进入京东的仓库之前，就已经利用京东的大数据进行信息挖掘，在用户下单前就预测了消费者的分布，提前将商品放在就近的仓库里，只要你一下单，京东的物流就像闪电一样"嗖"的送到了你的面前。在"6·18"大促和"双11"期间，京东和雀巢双方联合预测，避免了过去逢大促就会出现供货过多、过少或各仓匹配不均衡的情况。项目开展后，订单满足率从60%提高到87%，平台产品有货率从73%提高到95%。其中，仅仅考虑现货率这一项指标，每年就可能够促使雀巢提升超过3000万元线上销售量。

以消费者洞察作为原点，运用大数据和人工智能算法，京东电商平台把割裂的市场贯通，从产品设计、生产、制造到零售等全部连接起来，形成数据链路。在大数据的助力下，京东可以实现整个供应链的柔性化管理。在生产端，生产商可以实时掌握现货、半成品、原料的应备数量，销售端和在途的数量等；在物流环节，可以帮助商家匹配订单、仓库与配送资源，降低物流成本，提高物流效率；在库存方面，可以实时分析爆销、旺销、平销、滞销的情况，建立补货与库存协调机制，降低供应链中的总体库存，加快周转。例如京东通过自身的大数据能力和人工智能技术，将产地仓和销地仓全方位整合，实现全渠道库存共享，缩短到货时间。目前，京东已为不同行业的企业提供了个性化的物流解决方案，帮助贝因美、小牛电动等企业实现了仓配一体化，整合了库存管理。而京东与李宁的合作，已经成为京东与品牌商在供应链体系方面深度合作的一个典型案例。京东的供应链系统，可以帮助李宁实时动态满足门店货品需求，帮助品牌实现线上与线下的库存打通、销售打通、服务打通和用户打通，打造更高效的供应链体系，进一步拓展零售渠道，为李宁公司正在实施的O2O战略提供坚实的供应链基础。

京东通过大数据和人工智能技术应用发现，一款商品的常规生命周期中有三个曲线波段，如果可以找到每款商品的这三个波段点，就可以帮助商家把产品在适当的时候以适当的价格卖给适当的用户。京东通过机器学习与深度算法打造了一套智慧定价系统，以价格为轴心，基于商品的价格弹性，结合市场竞争环境，在充分满足业绩指标要求的前提下，为商品量身打造最适合的竞争性动态定价，在帮助供应链条中的合作伙伴获得更好收益的同时，也成为治理库存的有效杠杆工具。根据京东的研究，在智慧定价与人工定价的对比测试中，智慧定价组取得了GMV提升3.6%、毛利额提升19.0%的成绩，充分展示了大数据和人工智能在供应链领域应用的威力。

【案例】新品上市提速计划

品牌商在推出新品的时候会面临缺曝光、缺方法和缺持续推广等难题。与京东合作的品牌商会享受京东基于大数据的新品上市提速计划。京东会选择行业有强大品牌影响力的新品和有潜力的品牌新品予以重点扶持。在新品上市提速计划（speed to market）中，大数据分析可支持贯穿上市推广的可行性分析、孵化期、验证期和爆发期四个重要环节。这个计划提出以后，京东和品牌商的配合更紧密，新品推广的效果更好了。

京东正在着力打造基于电商全产业链大数据的开放服务平台，该平台包括数据接入、离线计算、实时计算、人工智能算法等多个内容。该平台是一个可智能管理、可自动化横向扩展的平台。这些服务不仅全面提升了京东的运营效率，带给用户更加个性、精准的体验，还将通过京东云开放给商户和政府等用户，带动全行业、全社会大数据应用水平的提升。京东将致力于把电商大数据、政府大数据及社会各个方面的大数据融合，在社会征信体系建设、智慧城市、经济走势等方面做出预测和分析，为政府制定政策和提高社会治理水平做出贡献。

京东正品行货实践录

正品行货的基因传承

从我创业那天起,我就坚持"正品行货,不卖假货"的底线,正是这个坚持使我们从中关村走了出来,成就了今天的京东。

1998年,我在中关村创办京东多媒体,卖婚纱影楼视频编辑的硬件和系统。当时中关村卖场采用议价制,消费者能否买到价格合适的产品就看自己的议价能力,我们坚持明码标价,拒绝还价。后来增加了光盘,我们一样坚持不卖水货、不卖假光盘,只卖正品,也不做山寨货,并给客户开发票。当时光盘仿制非常简单,空白光盘用丝网印刷加个logo(商标),再做个与正品一样的包装盒,就能得到比正品多十几倍的利润。现在看来,不卖水货、不卖假光盘,都不算什么,可是在当时的中关村卖场,没有几家能做到。通过坚持"正品行货,不卖假货"的理念,2003年我们成为国内最大的光磁产品销售商。同年,"非典"爆发,我们转战网上,2004年1月1日,京东多媒体网站(www.jdlaser.com)正式上线,当时只有100多个品种。一开始,大家对我们并不熟悉,又怕在网上买到假货,京东几乎没有生意。直到有一次,BBS CDBest论坛的总版主帮我们说了一句话,说京东多媒体是我在中关村五年以来见过的唯一一家没有卖过假碟片的店,这才有人在BBS上买我们的东西。就是这一句话,让京东迅速获得了一批网友的支持，逐渐打开了线上市场，并成功转型电子商务，安然度过"非典"危机。我们在光磁产品这一领域，最高峰时曾占据高达60%的市场份额。我不得不承认，这个世界充满着诱惑。别人卖假货，利润是你卖正版的10倍，而且几乎所有人都在这么做，只有你眼睁睁地看着，坚持着自己的正直。但命运总是公平的，如果没有我坚持五年从不卖假货，就不会有现在的京东电商。即便在今天，我也会不断地跟员工们强调正品行货的重要性。

2004—2010年，京东以自营为主，成为中国最大的B2C自营电商平台。消费者在电商平台购物希望买得便宜、买得方便和买得放心。前两点很多电商平台已经解决了，京东强调正品行货就是希望消费者能买得放心。为了践行正品行货的理念，京东在2005年就定下了渠道上游化的策略，原来从中关村各大电脑城的商户那儿拿货，以后要从省级代理、全国总代理那儿拿货。2005年，我们的销售额不过3000万元，困难可想而知。现在京东直接和品牌商、生产商合作以保障产品质量，同时还降低了中间成本。

京东通过正品行货策略留住消费者，形成正向网络效应。2015年11月10日，京东发布消息决定关闭拍拍网。关闭拍拍网，京东每年要损失百亿元级的潜在交易额和一笔相当可观的广告收入。因为C2C（消费者对消费者）模式的电子商务在中国目前的商业环境中监管难度较大，无法有效杜绝假冒伪劣商品，如果不能为消费者提供更好的品质保证，那么无论有多大的交易额、带来多少广告，我们都必须砍掉，因为正品行货理念已经成为我们京东的基因。

从正品行货到品质电商

京东平台的核心是商品交易平台，上游是供应商，下游是消费者，平台必须对上游进行管控，把关产品和服务质量，通过整合下游产业链向消费者提供产品和服务。因此，京东特别强调正品行货的理念。随着电商进入成熟期和外部环境的变化，仅仅是正品行货显然已无法满足京东平台生态的需求。

从需求侧来看，消费者主权形成，消费升级来临，个性化消费崛起，假货、诚信问题影响消费者购物体验，更有甚者，对人身健康造成损伤。消费者需要品质消费。

从供给侧来看，由于供需错配，带来库存高企；生产商、供应商资金短缺，无法进行前瞻性、创新性研究；侵权、恶性竞争扰乱行业秩序，损害创新文化，阻碍制造业升级发展。生产商需要转型升级来满足消费者高品质和个性化的需求。

从供应链来看，供应链正由原先的产品推动型向需求拉动型转变。供应链结构彻底变化，采购、生产、库存、组织、渠道、信息等全面发生变化：集中订单模式转向多批次少批量模式，批量生产转向个性化定制，集中生产转向云端柔性制造，实物库存由信息库存代替，跨机构多部门协同演变为扁平化组织，信息单向传递演变为信息全程可视，大数据成为供应链的底层结构，等等。

总体而言，品质是生态链中各个环节的要求，作为流通体系的电商平台也必须要求品质化发展。

因此，2015年，京东在中国电子商务发展峰会上首次提出了"品质电商"的概念。品质电商是京东正品行货理念的升级版。品质电商是指依托电商活动提供满足或超越消费者期望的产品和服务，并能通过先进的技术和机制保障供需双方的高效精准对接，以持续推动经济社会的品质发展。

京东品质电商包含：品质消费、品质生产、品质供应链和品质服务等内容。

品质消费

京东电商大数据中包含了大量的用户浏览、购买商品的数据以及对商品的评论数据等。基于对用户消费行为商品属性等大数据的分析和挖掘，可以产生用户画像和商品画像，并结合地域购买力偏好、商品生命周期等数据，准确完成推荐预测，提供符合用户期望、有品质保障的产品和服务。例如在2016年"双11"期间，健康、智能类商品销售额大幅增长，飞利浦净化器和AO史密斯净水器的销售额都达到上年同日近6倍和近4倍；戴森前20分钟就达到了上年同日全天的销售额，11日整体销售额超去年的7倍多。这都体现了用户对品质商品的需求。

品质生产

制造业已经开始发生变化，新的制造模式会转向品质导向，转向自我认知个性化，因为未来的消费者是年轻人，是85后、90后，他们是主力人群，他们更多地追求自我，对品质的认同高于对品牌的认同。为了实现高效生产和设计出最符合用户需求的产品，供应商特别需要了解消费者的需求，但往往苦于没有相应的通畅渠道。京东拥有海量用户的数据资源，并可以准确了解其消费习惯、喜好和潜在需求，通过供应链信息的连接和配对，将用户对产品的需求反馈给产品生产厂家，能够帮助厂家在产品的创新和设计上有的放矢，缩短产品生产周期，减少生产成本，增加销量。事实上，我们早已开始把所有遇到的、收集到的信息和用户反馈都整合起来，并且进行分析，然后提供给品牌生产商，生产商就可以更加精准地去把握产品的设计和产品的定位。

品质供应链

电商平台带来的是以需求为主导的供应链体系，这对供应链架构、大数据和云计算能力、流程设计、品类运营等方面的要求极高，其数据量、数据处理复杂程度、反应速度都是传统品牌和零售企业难以适应的。因此，京东正在探索将创意、设计、研发、制造、定价、营销、交易、仓储、配送、售后等10个环节环环相扣，致力于描绘出整个网络结构，补全市场软肋，充分发挥营销、交易、仓储、配送、售后作用，打造具有京东特色的供应链体系。京东通过供应链的整合与供货商建立更加紧密的合作关系，可以共享网络资源。虽然某些电商平台拥有显著的整体规模优势，但单一卖家并不能够直接将其转化为范围经济优势。卖家可以利用信息流数据提升自身的商品供给水平，包括采购管理、库存管理、品类和质量管理等，但由于配送速度不受控，所以开放平台模式下的卖家并不容易从整体供应链管理角度去获取更大范围的网络效应优势。京东通过随销售额增加逐级递减扣点的方式与供应商共享利益，供应商可以从京东的成长和自身产品销售规模的扩大中获得明确的递增利益。

京东通过信息协同、仓配一体化、供应链金融等拉动供应链提升效率。京东与主要供应商已建立起信息系统对接、库存数据共享、库存调配与配送一体化等。

供应链中普遍存在一种现象叫"牛鞭效应"，供应链上的信息流从最终客户向原始供应商端传递时，由于无法有效地实现信息的共享，使得信息扭曲逐渐放大，需求信息出现越来越大的波动，最终导致供应链失调，出现供应商货物积压或零售商缺货等现象。

为了解决这个问题，京东平台正在与供应商合作，进行深度协同。以与美的的深度协同合作项目为例，过去京东需要根据平台的销量自主进行预测，并将其转换为订单传递给美的，美的根据销量也需要做一轮预测，并将这些信息转化成订单传递给自己的供应商，这中间就存在牛鞭效应。现在完全不同了。2014 年，京东与美的宣布达成战略合作关系，双方系统直连项目上线，实现了基础订单数据及销量库存数据的共享。到 2015 年 4 月底，双方传输数据量达到 500 万条，每天有数千个商品的数据共享。2015 年 5 月 18 日，京东与美的深度协同项目立项；7 月 30 日，京东和美的的协同计划预测和补货（CPFR）项目上线；8 月 15 日，京东把首次备货计划订单下发美的。京东和美的 CPFR 项目上线后，实现了从销售计划到订单预测、订单补货的深度对接。双方 EDI（电子数据交换）打通以来，实现了京东与美的将近 50 个品类的对接，共享销量库存数据与补货建议均达到数千万条，商品评价数据数万条。同时，随着双方合作的日趋深入，EDI 深度协同项目的价值也越发凸显，它对京东和美的的业务均产生了显著的推动作用。

　　库存是企业经营和供应链的核心。京东通过企业与供应商间建立起的库存共享等管理策略，让电子商务海量的商品更贴近用户。京东提供 VMI（库存管理决策）产品，实现自营和商家库存的共享。我们采取预售模式将产品销售给消费者，一旦消费者下单，库存自动转为京东自营物权销售，这样就减少了整个渠道的库存总量，同时商家对所有渠道的库存状态可见可控，并可以灵活调配，打破了传统的各自为政的库存管理模式。京东还为这个商家提供了动态仓单质押服务，通过对商家的基础库存量进行估值、质押，商家库存资金变现。同时，一旦某 SKU 销售触及质押库存时，系统可自动解压并质押新的 SKU，完全不影响商品的售卖。按照我们的统计，京东的仓储服务可以提升品牌商 30% 的销量。采用京东物流之后，合作商家的库存周转天数平均缩短 8 天，发货时效平均缩短 2 天，销售额平均提升 87%，客户满意度平均提升 113%。

品质服务

品质服务包括两方面特性：一是具备高可靠的技术保障体系，确保高品质、流畅的用户购物体验需求；二是具备优质的产品售前咨询、售中捡货配送、售后退换货等用户服务。在消费者层面，京东通过大数据分析来精准把握用户需求，提供的是 7×24 小时不间断的客户服务；售后方面，提供上门换新、闪电退款、一键售后、售后到家等特色服务；物流层面为消费者提供"211"限时达、次日达、夜间配和京准达、GIS（地理信息系统）包裹实时追踪等服务；技术层面确保整个流程进行数字化管理。京东已逐渐形成了品类齐全和一站式便捷购物、快速配送、货到付款、不满意就退货等全方位服务体系。

金融服务

京东打造供应链金融，聚焦优质产业链。京东先后推出"京保贝""京小贷""动产融资""企业金库"等金融产品服务于平台上的供应商、中小微企业，为它们提供应收账款融资、仓单质押贷款、小额信贷、理财等服务，解决中小企业融资难和供应链失衡的问题，推动产业发展。其中"京保贝"是京东推出的第一款供应链金融产品，目前已经迭代到了 2.0 版，成为多种金融工具整合为一体的新一代的供应链金融解决方案。当然京东也没有忘记广大农村兄弟，我们的农村金融推出"京农贷"，已经覆盖全国1500 个县。

打造品质电商需要通过不断提升优化各产业链环节，建设可持续发展的生态系统，搭建起卖家、仓储、金融、物流、消费者、监督机构等各方组成的生态链。

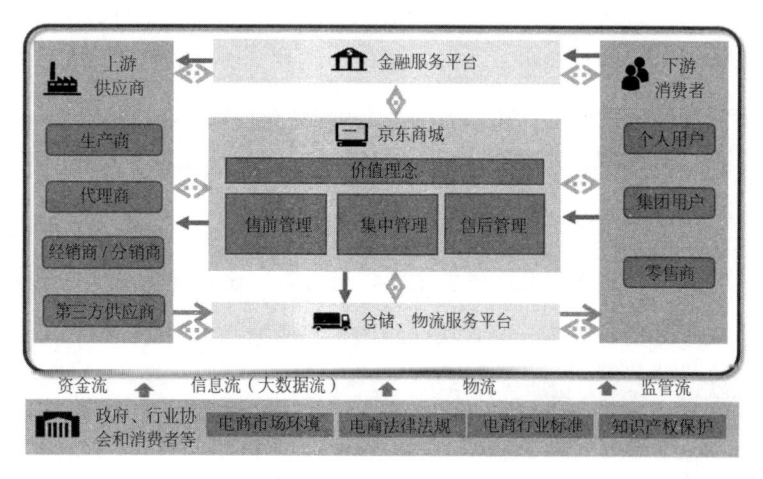

图 4-2 京东平台品质生态系统

京东发展到现在，生态体系正在形成：京东电商交易平台满足了用户一站式购物需求；自建仓配一体物流体系，可以更快速更高效地打通商品从生产端到消费端的流通链条；金融方面重点解决了支付环节、中小型创新企业的融资问题；供应商和消费者通过京东电商平台实现了信息流的实时高效交互以及资金流、物流的有效流转；京东积极配合政府和行业协会等监管和服务机构，推动制定电子商务法律法规、行业标准及规范，以保护市场环境、知识产权，维护竞争秩序。

除了信息流、资金流、物流之外，京东平台还融入了大数据流和监管流，使得各要素有机地结合成生态价值体系。大数据流通过各要素汇聚信息，依托海量数据的挖掘，反作用于各个要素，使之发挥更大功效，带来更大价值。监管流是通过政府、行业协会等监管机构向电商生态输出"监管流"，发挥品质保障职能。

京东通过提供基础设施和制定平台规则驱动整个生态体系良性发展，将过去完全交由市场、高度分散的双边/多边客户的互动，转变为通过平台创造的相关基础设施并加以聚合，通过京东平台构建的统一规则或（技术）标准实现互动，减少了双边客户为发现对方、实现互动而进行的冗余投资，提升了双边客户的互动效率，降低了互动成本，并通过这种联系和互动为双方创造新的价值。京东平台与其双边客户及其他利益相关者，超越了传统时间与空间的限制，通过互联网形成了一个相互依赖、共生共荣的品质生态系统。

第 5 章

感知物流的温度

物流业是融合运输、仓储、货代、信息等产业的复合型服务业,是支撑国民经济发展的基础性、战略性产业。

物流业的发展对分流因经济转型而造成的就业压力起到重要作用。据中国物流与采购联合会统计调查测算,2016年底,我国物流岗位从业人员数为5012万人,比上年增长0.6%,占全国就业人数的6.5%。截至2017年6月30日,京东配送员数量为40700人,在提供人员就业方面,京东愿意贡献自己的一份微薄之力。

物流发展到今天,已经成为贯穿经济发展和社会生活全局的重要活动,成为虚拟经济和实体经济、传统经济和新经济的纽带,被称为继劳动力、自然资源之后的"第三利润源泉",成为新一代的网络基础设施。

在中国,过去的10年,物流一直是被电子商务推动发展的,可以说电子商务对整个物流进行了一次重新定义，对物流所有的环节和层面都产生了革命性的影响，使物流具备了集约化、智能化、柔性化的特点，能够感知客户的冷暖需求，我们可称之为"物流2.0"。

物流"3+1"

传统物流主要分为运输、储存、加工、包装、装卸、配送和信息处理等活动。除了以上环节外，现代物流在外延上向上扩展至市场调查与预测、采购及订单处理，向下延伸至配送、物流咨询、物流方案的选择与规划、库存控制策略建议、货款回收与结算等。其中干线运输、仓储分拨和末端配送为中心环节，简称为"干仓配"。对于不同类型的电子商务，其物流环节有所不同，往往仅需要几个环节，而不用涉及完整的干仓配环节即可完成物流服务。比如，对于大宗商品的B2B（企业对企业）电商，其物流服务仅需要干线运输和一次仓储即可完成；对于同城商品的B2C电商，其物流服务仅需要一次仓储和末端配送即可完成；对于同城小件商品的C2C电商，其物流服务仅需要末端配送即可完成。只有对于全国性大型B2C电商，物流服务才需要干线运输、多级仓储分拨和末端配送。

大家提到物流，就很容易想到干仓配，往往容易忽略了最重要的调度系统。打个比方，如果干线是动脉，仓储（分拣）是心脏，配送是毛细血管，那么调度就是血液，没有血液，干仓配就无法连为一体。只有动脉、静脉、毛细血管齐全，细胞才能吸收养分，才能形成一个有机体，才能形成真正的仓配一体，提升效率，降低成本。

物流的"3"：干仓配

干线运输是物流运输的基本运输形式，是一切物流运作的基础。干线运输物流是指伴随铁路、船舶、航空、路线卡车等干线运输而产生的物流，诸如在城市设有进出城的港湾、机场、货物车站、卡车终端等。

动脉：干线

一般来说，快递、电商企业的干线运输要求时效性比传统的物流企业更加严格，在交付服务产品上也比传统的物流企业要快得多，其主要的点就是采用先进的信息化系统和先进的机械化设备，转运中心进行严格的规范和操作，对接时效和分拨效率大大提升。同时，其干线运输的发车时间与传统的物流企业发车时间，以及车型、速度、操作环节完全不一样，在这些环节上，物流的效应还是要高出传统物流许多，同时在操作方式上，快递、电商的运作完全与物流企业不同，初步实现了高效的分拨与装卸，达到了直配送，自营干线运输车队仅需 18~20 个小时即可到达全国各地，运输时间大大缩短。过去，京东长途运输主要采用第三方物流，运输期间经停站点多、装卸货物频率高，差错率更高，如遇销售旺季，海量的货物运输压力更大。于是我们开始自建运输队伍来解决这些问题。截至 2017 年 6 月 30 日，京东自营车辆为 6240 辆。

心脏：仓储

仓储是物流运输中的核心支点。随着电商规模的持续扩大，仓储或将成为电商行业效率提升的主要痛点。国内仓储比较落后，有很大的改善空间，目前，我国仓储正在向自动化、智能化和智慧化的方向演进。射频数据通信、条形码技术、扫码技术和数据采集越来越多地应用于仓储作业中。从京东来说，仓库是我们仓配一体化的重要组成部分，对于提高效率、降低成本起到重要作用。

毛细血管：终端配送

经过多年野蛮生长之后，干线物流和城市快递基本上在全国范围内实现了全覆盖。终端物流配送成为最需要解决的、最迫切的问题之一。作为整个中国物流体系最末梢的神经，大多数快递员仍在用相对原始的方式，为消费者提供最后一公里的配送服务，配送效率低，配送成本高，配送服务的客户满意度一直不能够尽如人意，消费者在网上订货时获得的送货时限承诺很难真正兑现。另外，丢货和错送现象也时有发生。但是在终端物流配送环节，企业能直接了解客户需求，积累消费数据，也是建立综合服务的入口,是争夺用户的关键所在。

物流的"1":调度系统

现代物流的核心特征是减少库存、减少搬运和强化体验。要实现这些就必须依靠调度系统。调度系统有复杂的业务规则和算法,背后依靠的是信息系统、数据和供应链整合能力。

信息系统是调度系统的基础,没有信息系统也就没有现代物流。以信息技术为核心,强化资源整合和物流全过程优化是现代物流的最本质特征。沃尔玛正是依靠其强大的信息系统实现了供应链的无缝连接,成为其全年低价策略的坚实基石。沃尔玛的销售成本可以做到比同行业平均销售成本低2%~3%,如果没有信息系统的支撑是不可能做到的。

亚马逊利用移动互联网、云计算、大数据、机器人、人工智能和深度学习等技术,以仓储管理为核心,把生产、流通和消费这三项社会主要经济活动全线贯通,形成数据链路,通过仓储驱动整个物流供应链,提升效率。

以信息系统为基础,通过数据就可以把用户、采购、生产、库存、组织、渠道等全部打通,进行供应链整合管理。例如,在京东平台上有数以亿计的用户数据,不但知道每个用户买了什么,还知道用户对商品的评论,根据这些就可以进行用户画像,把用户的需求进行精准传递,从而形成物流、信息流和数据流的"三流合一",这三流合一就成为物流的血液,血液流到哪里,干仓配就通到哪里。这和传统的物流是完全不同的，所以我们称之为"物流2.0"。

京东的仓配一体就是靠这个"1"实现的，只有这个"1"才能把干仓配合为一体。京东平台希望从消费者在网上下单之后的收货、保管、分拣、作业、包装、分拨、配送，直至消费者收货，全过程由调度系统进行无缝连接，保持一致的用户体验。通过京东大数据平台，对各类商品在不同区域、时间段的销量提前进行预判，然后将相应数量的商品提前配送到距离消费者最近的城市仓。消费者下单时，就近备货送货，形成当日达、次日达的高效配送。这样就形成了货物距离消费者更近、递送速度更快、服务成本更低的正向循环。这才是京东的仓配一体化。

传统物流的痛点

传统物流的特点

纵观物流业的发展历史，其围绕的中心发生过几次变化。最初的物流是围绕制造业而设计的，制造业是中心。比如，福特汽车只要生产得出来就能卖出去。随着产能过剩的到来，渠道开始转变为新的中心，因此，沃尔玛、家乐福、国美、苏宁等企业成为供应链中的最重要环节。物流的中心是渠道，正是凭着对物流供应链的出色掌控，沃尔玛被赞"把供应链管理经营成一门精密的科学"。如今"互联网+"时代，用户开始成为新的中心，整个物流供应链开始围绕用户体验而设计。新的时代要求物流反应速度越来越快，前置时间越来越短，配送间隔越来越短，商品周转次数越来越多，物流配送速度越来越快，用户体验越来越好。

环节多

一个产品在生产之前，需要把原材料送到工厂，工厂需要把产品送到仓库，仓库要把产品送到客户手中，这中间有许多节点，涉及仓储物流配送、货物运输、报关报检，到达指定地点后还要重新装卸入库等。有人做过研究，在这个过程中，仅有 5% 的时间用于加工和制造，其余 95% 的时间都用于储存、装卸、等待加工和运输。因此物流的特点之一就是链条长、中间环节多。如果其中某个环节出现问题，必然会降低效率，抬高成本。

规模与网络效应

物流服务作为一项基础设施，具有一定程度的自然垄断属性（规模效应使然），物流一定是规模越大成本越低。

物流行业也是极具网络化特点的产业，随着网络的逐步扩大，其网络的外部经济将逐步显现，从而带来企业规模、市场占有份额的不断扩大，而这又进一步促使企业运作中的范围经济、规模经济、密度经济的实现，从而极大地提升物流运作效率。

第三利润源来源

长期以来，我国制造企业都把经营重点放在生产和销售环节上，十分重视降低生产成本和提升销售额，想方设法从这两个环节中寻找利润，却对物流中潜在的利润视而不见。有研究表明，降低生产成本10%只能降低总成本1%，而降低物流成本10%则可降低总成本4%。显然，有效的物流运营与管理可以显著降低企业的成本。例如，当一个企业的销售额是1000万元时，物流成本约占销售额的10%，即100万元。这意味着，只要降低物流成本的10%，就可以增加10万元的利润。如果该企业的销售利润率为2%，则创造10万元的利润需要增加500万元的销售额。也就是说，降低10%的物流成本所起的作用，相当于增加50%的销售额。物流成本下降后会引起销售额成倍的增长，这个也称为物流成本削减的乘法效应。

为什么呢？由经济学的基本原理可以知道，企业产品市场价格是由市场供求关系决定的，商品价格背后体现的还是产品的价值量，即产品中所凝聚的人类抽象劳动数量。产品价值并不取决于个别企业的劳动时间，而是由行业平均必要劳动时间决定。当某个企业的物流活动效率高于所属行业的平均物流活动效率，物流费用低于所属行业平均物流费用水平的时候，该企业就有可能因此获得超额利润，被称为"第三利润源"。

痛点一：成本高

国际上普遍以全社会物流总费用占 GDP 的比例来评价整个经济体的物流效率。社会物流总费用占 GDP 的比例越低，代表该经济体物流效率越高，物流产业越发达。国家发改委和中国物流与采购联合会联合发布的数据显示，2016 年，社会物流总费用与 GDP 的比率为 14.9%，比 2015 年下降了 1.1 个百分点。社会物流总费用与 GDP 的比率稳步下降，物流效率整体上呈现出提高的态势。但是这个数字也远远高于发达国家，欧洲为 6%~7%，日本为 5%~6%。在微观物流成本方面，日本是以企业的物流成本 / 企业销售收入作为参考数据，如 2007 年全行业的销售物流成本率为 4.84%。其中，制造业为 4.79%，非制造业为 5.0%，批发业为 4.96%，零售业为 5.28%。

我国物流成本如果单从某个企业的角度来看，也许并不高，但站在供应链的角度，由于环节冗杂、信息不对称以及"最后一公里"配送等因素，加上沟通成本、时间成本和管理成本等，可能物流总成本和供应链总成本就"高不可攀"了。

根据 2016 年 9 月山东高速发布的货车 ETC 数据显示，17.8 万辆车里面，属于物流企业的有接近一半，分别属于 8000 家企业，另外还有 8.2 万辆车属于个体。也就是说，17.8 万辆车分属于 9 万个不同的主体，平均一个运输主体旗下不到 2 辆车，物流行业小、散、弱问题依旧突出。

经过近十年的快速发展，我国营业性通用仓库已基本满足物流需求，但在结构与地区分布上还存在一些供求矛盾。仓库供不应求与仓库供过于求同时存在，仓库高空置率与高租金同时存在，仓库快速建设与仓储效益下降、企业倒闭、企业转行同时存在。

在传统商贸中属于支援设备的仓库，在电商中成了重要角色，成为货品供应者与顾客的主要联系界面。但是，国内仓储概念薄弱，长期以来都是以低端仓库占主导地位，缺乏现代化的高标准仓库，面对电商企业要求的内部结构、办公环境、单位平效、物流周转、订单处理、配套快递服务等条件，传统的仓储企业根本无法满足，更谈不上仓配一体化。总体来讲，我国仓储业信息化发展很不平衡，大多数仓储企业信息化水平仍然较低，其中许多仓储企业至今还没有运用仓储管理系统（WMS），一些基于互联网的仓储平台基本上处于探索阶段，还没有成熟的商业模式，电商仓储的水平与规模远远不能适应网络零售快速发展的物流需求。

从成本上看，仓储和配送成本占物流成本的 70% 以上，其中配送成本大于仓储成本。配送环节中最重要的就是"最后一公里"。顾名思义，可以直观地理解为商品从仓储中心派送到消费者手中的最后一环，也可以引申为商品交付活动中最后且最关键的部分。延误、丢失、损毁等问题一直是制约行业提高消费者体验的痛点。除受限于快递员与消费者时间的错位等行业客观条件外，还涉及市场体系、政策法规及人工成本等多方面的因素。"最后一公里"在整个物流环节中的距离虽然最短，却消耗了总成本的

30% 左右。

以上所列举的成本是可以看到的,还有很多影响物流成本的因素不易衡量,解决起来非一日之功。就比如人工分拣的低效率和失误、取件不及时、送件不及时、退换货的逆向物流、物流节点衔接不畅,库存周转问题、供求计划和预测不准确,城市交通拥堵、货运车辆进城难、装卸停靠难、标准不统一,各地物流园的空仓现象、乱收费、乱罚款。……以人工分拣为例。在传统的快递业中,每个分拨中心都有一群非常有经验的人进行分拣,分拣就是基于快递的目的地,根据相应的代码从分拨中心进行划分,极易出错,出错的结果就是大家经常看到的物品在全国漫游数天的状况。这些全部都是成本!

除了以上,物流还需要占用大量的土地、油气、人力等诸多生产要素。物流成本居高不下,是对社会资源的极大浪费。高物流成本削弱了我国企业的市场竞争力,也严重侵蚀了传统企业的利润。发达国家的物流成本比我们低 10% 左右,而中国大多数品牌行业的利润根本达不到 16%。在整个国家企业利润如此微薄的情况下,这多出来的 10 个百分点就等同于损耗,等同于浪费。反过来说,能让这个比例下降一点,就是物流企业的巨大机会。有人测算,占比每下降一个百分点,可带动经济效益 3000 亿元。

痛点二:体验差

当时决定自建物流的原因一个是物流成本太高,另一个就是用户体验不好，当时的外包物流很难保证服务质量，也就很难保证用户体验。而且使用第三方公司来进行物流外包，并不比自建物流便宜，服务品质也无法保证。快递公司多以加盟店的方式扩张地盘，导致了服务质量极其不稳定，充斥着各种暴力卸货的手段，甚至丢货的事故，很多是监守自盗，但因为缺乏监管而没法追溯。

当年京东客户投诉超过一半是到货慢，或者货摔坏了，都跟物流相关。当年物流行业野蛮卸货、装货的现象很严重，直接把货往车上、地上扔，京东卖的是 3C 产品，特别是硬盘经不起震动，外观看着是好的，实际内里已经坏了。

根据国家邮政局的统计，2015 年，快递准时率仅为 73.85%，2010—2015 年快递服务整体满意度为 74，仍存在较大的提升空间。

一是成本高，二是体验差，这就是我们看到的机会。除了中国邮政外，在我们之前，是不存在覆盖全国的物流体系的，在中国尚属市场空白，这就是京东选择自建物流的原因，就是这么简单。

京东是如何把痛点变优势的

目前，京东是全球唯一拥有中小件、大件、冷链、B2B、跨境和众包（达达）六大物流网络的企业。截至 2017 年 6 月 30 日，京东物流全国仓库数量达 335 个，仓储设施占地面积约 710 万平方米，拥有近 7000 个配送站和自提点，已经实现中小件和大件商品全国行政区县 100% 覆盖无死角，92% 的订单已经实现当日或次日送达，甚至 52% 的订单可以做到 6 小时内送达。

随着京东各地的物流项目不断投入，京东在库管理的 SKU 数量已经超过 300 万，全球除了京东之外只有亚马逊能够做到。在未来 50 年的时间里，相信在库管理数将会超过 1000 万 SKU。

亚马逊物流的做法是自建仓储中心，配送交给联邦快递等成熟的快递公司，而京东选择的是仓配一体。

京东的物流并不是市场上"三通一达"那样的快递公司，真正有价值的，是把未来的每个物品都有组织、有管理、有序地流动起来。我们的物流是为供应链服务的。市场所有的快递公司，设计初衷是希望物品不断搬运，搬运次数多了，它才有利润空间。京东物流设计之初，最大的初衷就是减少商品搬运次数，我们要把每件商品在整个中国的搬运次数由 7 次以上降到 2 次，这才有巨大的社会价值。这不是一个普通的快递公司能够做到的，必须把它放在一个完整的供应链上去思考，整个京东物流是供应链服务很重要的部分。我们希望京东物流网络是一个有机整体，前端保证用户体验，后端降成本提效率。

2007 年对京东来讲是不寻常的一年，我们做了两个重大决策，一是前面说的向全品类扩张，二是决定自建仓配一体的物流体系。物流对电商的重要性再怎么强调都不过分，如果没有我们自建的物流体系，2012 年我们是不可能和国美、苏宁竞争的，因为大家电需要建单独的库房,涉及售后、安装等等,非常复杂。

整合见效益

电商毛利率提升空间有限,注定是个微利行业,物流成本的降低对京东非常关键。京东物流配送体系通过减少商品的搬运次数,提高效率,创造价值。我们正朝着"全球最高的运营效率和最低的运营成本"的目标,为京东"多快好省"提供支撑。

自建物流,成本更低

物流的特点之一是规模效应,只有达到一定规模,成本才能降低。按照京东的统计,单一城市每天超过2000单,运营成本跟外包给第三方就差不多了。像北京、上海这样的核心城市,每天有几万件包裹,平均下来,每单费用远远低于第三方外包。

京东的配送效率比快递公司高很多,如果我们自己不做快递,而是外包给其他快递公司,京东的物流成本将提高30%。所以京东自建物流并不是提高了成本,反而节省了大量的成本。

甩挂运输降低干线物流运输成本

甩挂运输就是带有动力的机动车将随车拖带的承载装置,包括半挂车、全挂车甚至货车底盘上的货箱甩留在目的地后,再拖带其他装满货物的装置返回原地,或者驶向新的地点。这种由一辆带有动力的主车连续拖带两个以上承载装置的运输方式被称为甩挂运输。甩挂运输能减少配送车返程的空载率,并最大限度地节约等候装卸的时间。

甩挂运输早已成为欧美和日本等发达国家和地区的主流运输方式,但是在我国,相关滞后的政策(养路费、交强险等)制约了甩挂运输的快速发展。

甩挂运输作为一项既经济又环保的运输模式,已经在京东的物流体系试点运营了,可降低物流运输成本达36%。京东采用车头与集装箱分离的甩挂运输方式,即一辆带有动力的主车,连续拖带两个以上的承载装置,以此实现车辆返程不空载,大幅度提高了车辆的使用效率,同时也实现了节能减排、低碳环保的目的。

减少搬运次数

京东的物流干线运输的设计核心是减少物品搬运次数。"三通一达"也好,顺丰也好,其追求的是如何让货物快速流动,就是怎么把一件货从北京发到上海去,又快又便宜。"三通一达"物流设计的时候就是这样,它的模式是每个点都在收货,每个点都在送货,所以导致网络非常复杂。而京东的物流模式非常简单,就是从仓库送到消费者家里,我们点和点之间,上海的配送站和北京的配送站之间,没有一毛钱的关系,上海这个配送站永远不会收一件货送到北京的配送站。而"三通一达"和顺丰很多站之间都是相关联的。京东希望自己的物流是,只有两次搬运,从厂家到库房,从库房到消费者。以联想电脑为例,第一次搬运是从联想工厂发到我们全国250多个仓库里面去,我们根据销售预算的大数据分析,提前将商品布置到离消费者最近的地方,最远的不超过300公里,最近的可能离消费者只有十几公里。等你下订单之后,就是第二次搬运,从仓库搬到消费者手里去,就搬两次。而且搬运的距离路径最短,就是从工厂到离你最近的库房,从离你最近的库房到你家里。正是因为我们搬运次数少,所以成本很低,运营效率很高。

传统商业的运输不仅搬运次数多,而且搬运的距离也没有规划。比如一批商品从工厂搬到了联想在上海的仓库,联想又发到了济南,济南的供货商又发到了南京,最后南京的货可能卖到安徽合肥附近的一个消费者手里。大家看看,这样的搬运距离是京东搬运距离的10倍以上。把搬运次数降低为两次,把搬运距离缩短90%,这就是京东物流成功的核心要素。

根据我们的调研,在我国,一件商品从工厂出来到消费者手里,平均要搬运7.2次,而京东只搬运2次,这就是京东和它们的差异。实际上,每一次搬运都是有成本、有损耗和浪费时间的,而搬运者其实赚不了多少钱。因为他做的事情很简单,没有多少价值。有的时候一件商品在每一个库房可能都要放上好几天,加上中间搬运六七次的运输时间,等消费者拿到手的时候,可能距这个商品生产出来已经两个月了。搬运的次数多,物品损伤的概率就高,这些都要计算到成本当中去。如此一来,经销商、零售商和厂商的利润都十分微薄,消费者买到手的价格却很昂贵。

现在很多消费者在京东买笔记本电脑、买手机，都能发现生产日期就是当月的，因为我们3C产品的库存周期就只有10~15天，也就是说，一批货在10至15天之内就基本售罄。

京东的B2C自营模式，强调的是大规模、大批量地从供应商处采购，然后运到京东库房，最后从京东库房送到消费者手中。这减少了物品的搬运次数，把中间环节全部去掉，有效地降低了物流成本。不仅如此，我们还希望通过5~7年的时间，让所有的标准化产品实现一次搬运，比如直接从华为的手机工厂里将手机送到消费者家中去，连京东的库房都不进。如果能实现商品的一次搬运，那么它的物流成本一定是最低的，效率一定是最高的。

所以在京东，有些商品允许全国发货，有些商品是不允许的。比如书、手机，这些我们就是全国发货的，一个库房有货全国都可以发货。但像大家电、冰箱、洗衣机等，我们基本上不允许从广州运到北京，再由北京运给顾客。因为这样做的话，物流配送成本可能就已经超过利润了，永远没办法赚钱。

所以伴随订单量的不断增大，我们希望未来物流覆盖半径缩小到100公里，进一步缩小搬运距离。规模大了，我们的仓库密度就会加大，搬运距离会越短，物流成本就会越低，愈能给消费者提供更低的价格，同时让供货商赚到更多的钱，形成一个正向循环。

仓储自动化/智能化降低成本

目前，京东已有9座"亚洲一号"投入使用。京东的"亚洲一号"可以说是业内的标杆。以上海"亚洲一号"为例，90%以上操作已实现自动化；智能分拣中心与矩阵式分拣方式相比，人员投入比例减少了近70%，仓储单位面积坪效提升了5倍，货损率接近于0；机器人拣货效率相比于人工提高3~5倍。该仓库员工仅500人，在2014年"双11"当天发货10万件。同样体量的分拣和出库，另一家服装物流公司雇用了3000多人花了7天才完成。而2015年"双11"当天，投产不到半年的广州"亚洲一号"完成了单仓50万单的工作量，创下了纪录。

提高库存周转率

库存是物流成本很重要的一部分。成本包含两部分：一是直接搬运的成本；二是货物存储的时间成本，产品在库房里停留时间的成本比搬运成本还要高。对于电商和传统零售商来说，衡量供应链效率最核心的因素就是库存周转率，也就是说每采购一批货平均需要花多少天把它卖掉。

据测算，京东自营在售商品有300多万个SKU，库存周转天数不到35天，应付账期仅为50天左右，而通常传统零售企业平均在售商品SKU为3万个左右，库存周转天数为60~70天，应付账期近120天。

库存周转天数长意味着什么呢？意味着物流成本的上升，还有降价的损失。以电子产品为例，电子产品的生产周期越来越短，30天和70天，商品价值就差很多。还有就是资金流动缓慢。库存70天意味着一年大概周转五六次，但是京东只有30天，那么一年就可以转12次，如果单次的利润是一样的话，那么我们合作伙伴的利润就是前者的两倍。所以库存周转率带来的是质的区别。现金一年周转次数可以达到十几次，整个行业效率就起来了。

通过仓配一体的物流管理，京东的物流成本占整个成本的比例只有5%~7%。这个数字说明了什么？说明京东实际上已经实现了把中国品牌商的物流成本占比从16%降到5%~7%的目标，帮助品牌商节省了10个点的费用。如果只看电商成本的话，京东的费用率只占销售额的7%~10%。以家电为例，家电厂商可以多赚5个点，售价比传统零售商便宜3个点，自己还能多赚2个点。其实京东电商一直是赚钱的，别看这么低的价格，仍然有非常好的利润，而且还让合作伙伴赚钱了，让消费者省钱了。

也就是说，消费者、合作伙伴和京东实现了三赢，降低了社会交易成本，提高了社会交易效率。

体验显"温度"

企业提供给客户的，首先是功能，其次是满足消费者的需求，再进一步说是给消费者创造价值。但我们发现，最后能胜出的决定性要素，其实是消费体验。每个人使用的产品或得到的服务是相同的，但是每个人的体验却不同，体验始终是人们首先接触并且最关心的。

电子商务经历了十几年的发展，商品和前端的竞争已经差别不大，差别就在后端的配送和售后服务。

对于电商来说，只有两个与客户发生现实接触的环节，一是物流，二是客服。从接触的频次来说，物流更为重要。物流是电商与消费者唯一面对面的沟通渠道，也是虚拟和现实的桥梁，还是商品最终履约交付的接触点。电商物流对用户体验的影响要占到70%左右，可以说物流是电商的生命线。

京东物流，唯快不破

2016年11月11日凌晨0点12分49秒，上海市嘉定区的一位用户收到了刚刚从京东上购买的飞利浦4K电视，这是2016年京东"双11"当天配送的第一个订单。从下单到收货，用时仅为12分31秒。2016年"双11"当天，京东在1小时内便已完成了全国35个大中城市大件物流的首单配送。

京东为什么这么强调快？因为用户体验这东西很虚。如何由虚化实呢？那就是快，因为物流的快慢能够从心理方面影响买家对于商品的感受。对于买家而言，如果你能让他下单后当日甚至几个小时内就能拿到货，显然很爽。

其实这背后还蕴含着消费者的变化。90后消费者已经不满足于用手机下订单，他们还希望能更快拿到商品，即时满足已经成为这一代用户的特点,即"要么实时发生,要么不存在"。网飞公司(Netflix)推出的电视剧《纸牌屋》不是按照美剧的习惯一周播放一集,而是 13 集一次性播放。社交应用软件 Snapchat 推出"阅后即焚"功能。许多人去看电影首映式,花大价钱看那些以后可以免费下载的电影,都是为了满足即时需求。凯文·凯利在《必然》一书中认为:"我们正在进入计算的第三个阶段……这个阶段我们转换到了实时模式。给别人发信息,我们希望立刻收到答复。手机支付,我们希望能立刻结算。对于新闻,我们不再需要得知上个小时的事情,而是需要了解当下每一秒的一切。" 2005 年,宝洁公司就把消费者的购买时机单独拿出来进行研究,结论是消费者看到货架上的产品时,有 3~7 秒的时间是有购买冲动的。谷歌亚太区总裁 Karim Temsamani 表示,用户每天使用智能手机时,包含了一些真正重要的瞬间,比如他们"我想了解""我要去""我想要做""我想买",这称为"即时需求"。90% 的智能手机用户表示,他们开始在网上按照需求查找信息时并不十分确定要购买哪个品牌的产品。三分之一的智能手机用户表示,他们决定购买某品牌的产品并不是依照最初所设定的,而是品牌在那一时刻呈现的信息刚好满足了他们的需要——即时性凌驾于品牌忠诚度之上。

京东的当日达服务推出后,非常受欢迎。为什么?我们平时买东西,假如去沃尔玛,我们当时拿到东西就可以走了,这其实就是当日达。如果网购做不到这一点,那么在用户体验方面其实就是一个缺陷。正是认识到消费者这个需求,京东利用大数据信息进行深度挖掘，为商品和用户画像，精准预测用户的购买倾向。也就是说，在用户消费之前，京东早就将商品放到了附近的移动仓和配送店里，京东希望做到网购与线下购物直接取走货的体验没有什么太大分别，这个就是京东的努力方向。

京东物流　不止于快

过去 10 年，京东物流在"快"上不断推陈出新，实现了当日达（211 限时达）、次日达、2 小时极速达等高配送时效的服务，带动了整个电商物流行业的提速。如今，京东物流推出"京准达"服务并在短时间内不断升级，在"快"和"准"的两个标准上再度树立了行业标杆。目前，京东商城自营的全品类商品（除全球购外）均支持"京准达"，用户不管是购买柴米油盐，还是电视、冰箱、洗衣机，甚至是水果、蔬菜、冰激凌，都可以预约精准送货。其中，生鲜品类 2 小时"京准达"已成标准服务。

2017 年 5 月，"京准达"经过一轮升级，预约收货时间由最初的 2 小时缩短至 1 小时，并在郑州、武汉、长沙三个城市试点 30 分钟的大突破，成为世界上首批网购预约送达时间精准到 30 分钟内的城市。2017 年 8 月，"京准达"服务全面升级，不仅将预约送达时间由 2 小时缩短至 30 分钟，覆盖范围也实现大规模拓展。目前，"京准达"服务已覆盖 246 个城市，成为继"211 限时达"后城市电商消费的标配。其中 1 小时精准配送服务覆盖超过 30 个城市，30 分钟精准送达的城市拓展至 7 个，北京、济南、青岛、太原成为新一批实现送达时间精准到30分钟内的城市。

"京准达"服务树立了全球网购时效新标杆。"京准达"服务升级的背后，不仅有京东物流自建的一整套先进的仓配一体化供应链在支撑，还有智慧物流的强大助力。再加上京东对配送单元（每个配送员的配送区域）的不断细分，以及大数据对用户历次收货时间的智能分析，不断优化配送员的最佳配送路径，不仅可以实现配送时效的提升，也使得"精准"这一诉求得以实现。

"京尊达"是京东物流2017年6月针对购买高端商品的用户推出的一项专属定制化配送服务。京东通过苛刻的甄选过程，选拔出一批年轻体健、驾驶经验丰富、普通话流利的高颜值帅哥，并且经过严格的商务礼仪培训，组成了"京尊达"配送团队，开始为用户带来"专人、专车、专线"的顶级配送服务。

2017年iPhone新品首发当天，北京、上海、广州、成都和深圳五个城市，以下单时间排序，每个城市前100名用户都享受到了"京尊达"配送上门的高端服务。此外，为了让用户能够更便捷购买iPhone新品手机，京东物流又一次设置移动仓，通过对用户购买行为的大数据分析，将iPhone新品直接前置到用户附近的站点，通过系统简化中间周转环节，用户订单下达后，立刻就能从移动仓发货，让用户能够在最短的时间内收到商品。从用户下单到成功妥投，最快只需4分半钟，七大城市移动仓订单1小时内全部送达。

好兄弟 / 好服务

我在上文已经提到，与用户接触频次最多的是物流，我们的配送员兄弟每天都会接触用户，我们的好服务就靠配送员来完成。

为了保证配送员的服务质量，京东靠有竞争力的收入和较大的成长空间，以及一套严格的管理制度，来吸引配送员，提升配送员素质。

在收入方面，京东为配送员提供了高于市场平均水平的工资。不仅为他们提供五险一金，还提供其他各种福利。2016 年，京东总共为包括基层快递员在内的员工缴纳的五险一金超过了 27 亿元人民币。在北京工作三年以上的京东快递员，每月拿到手的钱平均能到 7000 元左右，加上五险一金和其他福利的投入，公司为每个员工的支出约 13000 元。除了五险一金之外，京东还为所有配送员额外购买了商业保险，帮助员工在遇到意外伤害时能够得到及时的救助。京东的配送员还享有通信、防寒防暑、特殊环境、交通工具等 30 多种福利待遇及补贴，每年公司投入数千万元安排员工进行体检，京东女性员工享受比国家规定多一个月的产假，男性员工享受比国家规定多 7 天的陪护假。由于京东 70% 以上的员工来自农村，与子女家人少有团聚，京东从 2014 年开始推出了"我在京东过大年"的特殊福利政策，用于支持春节期间坚守岗位的一线员工将子女接到身边过年。四年来，京东为此已经投入了 2 亿多元，共帮助超过 20000 个员工家庭在春节实现了团聚。2016

年，京东投入3000万元设立了专项救助基金，及时帮助遇到重大灾难或疾病的员工及家庭渡过难关。

除了有竞争力的收入，京东还为配送员准备了清晰的上升空间。因为业务的需要，每年配送队伍和配送站几乎都在翻倍增长，所以只要在公司工作过一两年的优秀员工，就有可能成为站长。一旦成为站长，不仅工资高了，优秀的站长还能拿到公司的股票。

好的待遇自然要求好的素质。在站长任职条件上，京东首先要求员工必须在京东工作过一年以上，且必须是优秀的配送员。因为只有在基层工作过，他才能系统地了解整个配送流程，了解基层配送员的工作环境；只有优秀的配送员才能知道一个优秀配送员的标准在哪里，然后才能用这个标准要求和考核他管辖之下的配送员，最终提升整个配送站的服务质量。任职之前，京东会为那些准备升为站长的人提供站长助理的岗位，让他们先干半年站长助理，在这个过程中，跟站长学习如何管理。正式任职站长之后，会有三个月的考核期，如果无法通过就会被撤换。此外，京东的配送站和酒店一样设有星级标准，分为三星、四星、五星三个档次。星越多，代表站长管理得越好。如果一年之内，某个站长两次拿到的都是三星，那么这个站长就要被开除，因为内部没有降级的说法，不行就要走人，不存在站长做不好再回头做配送员的情况。

如果工作满三年，且能力不错，公司允许他回老家建立配送站，然后反过来承包公司的业务，跟公司合作，变成公司的一个合作伙伴。这样每年大概会有近20万元的净利润，在三四线小城市颇为可观，也方便照顾父母，照顾家庭。

通过层层选拔、培训和淘汰，京东配送站站长的整体素质和管理能力得到了有效保障。

在管理制度上，通过产品评价、购买咨询、网友讨论、投诉系统、供单系统、论坛，甚至直接投诉等12个环节，京东可以很快发掘出用户对配送方面的意见。同时，每个配送员每周都要填写配送报表，具体到统计出他的配送表现，如果收到过两次用户投诉，京东就会毫不犹豫地开除他。

只有让员工活得有尊严，让他发自内心地感到幸福，才能把他内心的幸福、真诚带给用户。经过长期的积累，京东的快递员在客户中树立了良好的形象。看到京东的配送员，许多客户会把门打开，让配送员到家里去签收，这样的信任并不是每个物流公司的快递员都能得到的。

2016年，京东专门设立了"4·28京东配送员日"，旨在向所有奋战在一线的仓储、配送、客服、售后等员工表示致敬，并呼吁全社会给予这些基层劳动者更多的尊重、关注和关爱。在2017年的"4·28配送员日"，京东对2000名优秀配送一线员工予以了表彰，号召全体京东员工学习他们的服务意识。

2017年京东配送员宋学文获得全国五一劳动奖章，这也是全国电商企业配送员第一次获得此项殊荣。宋学文是京东公司北京海淀鼎好配送站的一名普通配送员，6年多时间来，宋学文配送时长已经达到 1900 多天，配送总单量达到 216000 多件，总里程达到 324000 多公里，这足以绕地球 8 圈之多，并保持服务零差评。

京东的努力取得了显著的成果，据国家邮政局 2016 年 10 月邮政业消费者申诉情况通告显示，每百万件包裹中京东物流延误的仅有 0.09 件、丢失损毁仅的为 0.02 件，受到客户申诉的仅 0.21 件，这三项指标均不到行业平均水平的 1/10，获评行业最佳用户体验。

物流智慧化

技术！技术！技术！

京东物流如何做到成本低、体验好，背后依靠的就是技术！未来京东要靠技术驱动来发展，用技术创造价值。

时代正在发生快速、剧烈的变化，未来十年科技的进步速度将超过过去 100 年，科技对我们每一个人、每家公司、每个企业，甚至是学校、非政府组织，都会带来巨大的改变。以人工智能为例。可以这么说，在所有人类已知的领域里面，只要假以时日，只要给人工智能足够的数据，只要给它足够的培训，随着 CPU（中央处理器）、GPU（图形处理器）技术的发展，人工智能在百分之八九十的领域都可以替代人类的智力工作，机器人将替代我们的体力劳动。随着人工智能和机器人的联合发展，很快你就会发现机器人真的可以像人一样思考、行走，像人一样做非常复杂的工作,甚至可以做它从来没做过的工作,这一点跟过去有本质的区别。我坚信,未来的机器人将会替代我们今天百分之七八十以上的蓝领工作。

我们决定在新的12年中转型为一家技术公司,就像2007年我们决定自建物流一样坚决。

沃尔玛为什么成为渠道时代的王者?

1969年,沃尔玛成为最早采用计算机跟踪库存的零售企业之一;

1980年,沃尔玛最早使用条形码技术提高物流和经营效率;

1983年,沃尔玛史无前例地发射了自己的通信卫星,随后建成了卫星系统;

1985年,沃尔玛最早利用EDI与供货商进行更好的协调;

1988年,沃尔玛是最早使用无线扫描枪的零售企业之一;

1989年,沃尔玛最早与宝洁公司等供应商实现供应链协同管理。

从以上可以看出,在每一个历史阶段,沃尔玛总是扮演了先进生产技术领先应用的典范。

我们再看看亚马逊。亚马逊在业内率先使用大数据、人工智能和云技术等进行仓储物流的管理。正是通过不断的技术创新,亚马逊才能降低物流成本,提升效率。亚马逊仓储中心在每一位顾客上花费的配送成本平均是3~4美元,而沃尔玛物流中心是7~9美元。亚马逊当初之所以能扭亏为盈,其关键因素也是物流成本的降低。2002年,亚马逊物流费用占营收的比重首次下降至10%

以下，同年第四季度开始实现盈利。2013 年，在亚马逊 745 亿美元营收中，物流贡献了 44 亿美元。

京东物流系统背后同样有着非常复杂的技术支撑。京东物流的数字化运营横向分布于仓、配、客和售后的业务全流程，纵向贯穿于决策、预测、评估、可视化管理的全过程。以我们的青龙预分拣系统为例，其中就采用了深度神经网络、机器学习、搜索引擎技术、地图区域划分、信息抽取与知识挖掘等技术，并利用大数据对地址库、关键字库、特殊配置库、GIS 地图库等数据进行分析，使订单能够自动分拣，且保证 7×24 小时的服务，能够满足各类型订单的接入，提供稳定准确的预分拣接口。

京东在国内外拥有 3000 多项物流专利，自 2010 年至今，在仓储物流领域的专利申请以每年 100%~150% 的速度增长。京东物流核心的发明专利体现在提升仓储系统的运营效率和对社会环境的保护等方面，其中，最具代表性的要数竖亥的应用。竖亥主要由重力传感器、称重台、显示屏构成，主要应用在仓储中心的入库环节，识别商品规格速度可精确到秒，可提升 5 倍人效，大大提高了商品发货的时效，节省了大量的人工与时间成本。

自动化与机器人技术

京东自动化设备和系统广泛应用在仓储、运输、配送等各个环节，京东在局部自动化、整体自动化方面已有较大建树，包括亚洲一号、机器人仓库等。亚洲一号出货分拣区的自动化输送系统代表了目前全球最高水平的分拣系统，分拣处理能力达 16000 件 / 小时，分拣准确率高达 99.99%。

京东仓库中大量运用了机器人作业，包括拥有 3D 视觉系统、动态分拣、自动更换端拾器等功能的 Delta 型分拣机器人，可以惯性导航、自动避障的智能搬运机器人 AGV，高重复定位精度、载荷最高达 165 公斤、臂展接近 3 米的六轴机器人 6-AXIS 等。

图 5-1 京东仓库的各种机器人

京东固安服饰仓通过 AGV（自动导引小车）智能机器人实现了货架搬运及货物分拣业务。通过 AGV 移动货架到分拣台后实施分拣，是一种无人仓发展进化过程中的阶段性成果应用。在 2016 年"双 11"，固安的机器人仓库里面只需要 10 个人，24 小时运行，每天出库近万单。

东莞麻涌仓库通过智能机器人进行货物的分拣，这种全新的分拣模式就像土拨鼠，自动吸尘器大小的迷你版 AGV，通过订单系统的指令，计算出订单商品位置，获取商品后，行动到用于分拣装箱的"地洞"边上，轻轻扬起小翻斗，将商品滑动到地板下层的分拣箱中。当大量迷你版 AGV 同时行动时，效率获得惊人的提升，充分缓解了"双 11"大促期间海量订单带来的货物分拣、搬运压力。

大数据应用

京东物流大数据的应用主要体现在仓储布局、拣货路径优化、智能排产、路网规划、动态路由规划、智能建站等环节。

仓储布局

基于亿级订单的商品关联度挖掘，京东物流建立了数据立方体，深入应用遗传算法，研发出一套科学的库房布局。京东现在面对的 SKU 越来越多。仓库面积每年以百分之百的速度在增长，未来哪个商品应该放在哪个仓库、哪个位置，有很大的讲究。举个简单的例子，如果一个商品和另外一个商品发生了关联性的销售（这个可能性非常大），如果你分别放在两个仓库的话，等于生产要分成两个仓库来进行，单个订单的生产成本就乘以 2 了。所以京东通过大数据的挖掘，对未来商品销量进行预测，明确它应该放在哪里，应该放在哪个仓库，应该放在哪个位置，从而让人员走得更短。

拣货路径优化

每年双11都是京东仓库的"极限峰值"。京东拣货员在仓库中要平均行走50公里，等于跑了一个马拉松。我们研发了一套系统算法，对其过去走的路径进行大数据分析判断，再根据现在要分拣的货物位置分布进行路径优化，让仓库配送员平均每天少走15公里。

智能排产

智能排产指通过业务预测，知道每天订单应该有多少，每天的产能是多少，通过智能调度来安排每一个生产岗位应该配备多少人员。京东生产配送人员达10万人之多，每个仓库面临着上千人的管理，每个岗位也面临着上百人的管理，一天应该安排多少人，应该分成几班，第一班应该多少人，过去京东完全是靠一线管理人员，如岗位主管或经理来判断的，准确性和效率肯定会受影响。现在京东通过对过去所有数据的分析、学习，形成智能调度，从订单进入仓库，到货送达客户手里，全程都由系统来管理，提升了效率，降低了人为失误。

智能建站

在选择新建配送站的地址时，京东"智能建站"系统可以进行大数据决策。其中包含综合评价、成本最优、站点数量最少等模型，可以帮助决策者选择最佳建站位置。建站的标准不再是这个房子好租，而是离客户更近，以便用更好的能效、时效服务客户。

路网规划

在配送员取件后,系统会根据取件时间进行路网规划,制定出最优的路由路径,并按照最优路径进行实效考核。一旦一个环节发生延误,路由会自动调整,在下一个环节寻找到最近的班次,重新规划最优路径。后续环节按照最新调整的路径进行实效考核。2016年"双11",京东通过大数据的分析预测,在原有线路基础上临时开通了40余条干线来加快货物流转,以保证全国近百个城市的运输效率。

RFID技术

物流领域是物联网相关技术最具有现实意义的应用领域之一,京东借助移动互联技术、RFID(射频识别)等无线数据通信技术,实现了商品的识别与全程跟踪。2016年8月,京东在北京3C仓库实现了在打包环节的RFID应用,大大提高了效率。单这一项该仓库就能节省5个人,京东全国约有180个仓适合这种方式,预计可以节省900人,按照人均年工资7万元计算,一年可以节省6300万元。2017年1月,京东与斑马技术、神州数码三方联合的"物联网+电商物流联合实验室"在京正式启动,重点提升现有拣选和复核打包的生产效率,开展托盘和笼车资产可视化智能管理,寻找视觉和数据分析在物流中的应用。

【案例】京东智能分拣中心

分拣中心在物流中具有特别重要的地位。在物流成本中,拣选和配送两大项目几乎占整个物流成本的80%。拣选成本约是其他堆叠、装卸、运输等成本总和的9倍，占物流搬运成本的绝大部分，因此，要降低物流成本以及其中的搬运成本，由拣选作业着手加以改进可以获得事半功倍的效果。从时间来讲，拣选作业时间占整个配送中心作业时间的比例为30%~40%，由此可见，合理的拣选作业方法，对物流运作效率的高低具有决定性的影响。

人工分拣的主要缺点是劳动量大、效率低、差错率高，严重影响物料的传输效率。建立一个先进的、自动化的分拣系统，对仓储来说至关重要，可以大大提高工作效率、显著降低工人的劳动强度。如"亚洲一号"的出货分拣区采用了代表目前全球最高水平的自动化分拣系统，分拣处理能力达16000件/小时，分拣准确率高达99.99%，并且可以连续运行100个小时以上。而人工每小时只能分拣150件左右，同时分拣人员也不能在这种劳动强度下连续工作8小时。

因此，分拣系统作为物流的重要一环，分拣技术也日益受到重视。

京东智能分拣中心是一套全智能化、机械化操作的平台，它拥有独立的场院管理系统及AGV操作台，其完善的远程实时监控体系有效地实现了整个业务操作流程的可视化。智能分拣机和龙门架的引入实现了智能收货和发货，脱离人工操作，让分拣环节更加自动化和智能化，保证包裹分拣正确率达到 99%，促进了包裹的高速运转；自动称重设备有助于快速、精确地对包裹进行称重，并准确计算物流费用；视觉扫描仪可以实现漏扫描包裹影像照片的调取，通过人工补码方式完成系统数据录入，实现扫描率 100%；智能分拣柜采用立体分拣结构，结合 LED（发光二极管）灯光完成包裹实物分拣和系统数据同步流转；工位管理系统实现了对员工的智能排班和岗位管理；智能看板和远程视频对分拣场地的实时流程进行把控；AGV 机器人自动沿规定的导引路径行驶，将包裹自动移载到特定的位置。

智能分拣中心在整个系统的设计、开放过程中，采用国际上先进成熟的网络技术、软硬件产品和物流理念，保证系统在各应用领域保持相当的先进性。系统从设计之初就向其他系统公开接口，软硬件平台和数据库系统均具有相当的开放性。各个模块的设计充分考虑到用户的实际需求，并且很容易根据情况的变化进行调整，具有一定的灵活性和扩展性。为了保证信息系统的正常运行，智能分拣中心采用安全可靠的主机系统和网络产品，具备安全的容错设计，极大地提升了系统运行的可靠性。

智能分拣中心系统相较于过去设备简单、人力密集型的物流分拣体系，具备明显的优势，使整个分拣流程更为简洁顺畅，分拣效率得到大幅度提升。"亚洲一号"智能分拣中心与矩阵式分拣方式相比，人员投入比例减少了近 70%，坪效提升了 5 倍。2016 年的"双 11"中固安京东智能分拣中心的日订单分拣能力已经达到 30 万单。

2017 年 8 月 1 日，京东物流昆山无人分拣中心正式亮相，这也是目前全球首个正式落成并运营成功的全程无人分拣中心。这也标志着京东物流配送中的分拣环节进入了全场无人化、智能化阶段。该分拣中心最大的特点是从供包到装车，全流程无人操作。其分拣能力已经达到 9000 件 / 小时，据测算，同等场地规模和分拣货量的前提下，每个场地可以节省人力 180 人。同时，一线设备的操作效率和运营质量也得到显著提升，对比传统供包能力，自动供包台的效率最高可达到传统效率的 4 倍多。昆山无人分拣中心的运行，代表着智慧物流的又一次加速。未来京东将继续加大技术创新的投入，努于成为国内零售基础设施服务商，向全社会提供高效率、低成本、高智能的智慧供应链解决方案。

在未来的 12 年，京东将构建一个以云计算、人工智能、机器人技术为核心的智能化商业体，京东物流的智能化战略也将更明确更坚定。京东对于智能物流的实践体现在三个层面，即自动化作业、数据化运营、智慧化布局。在三个层面之上，还有管理层面的智能分析决策。智慧化布局主要是打造一个由机器人、人工智能算法和数据感知网络打造的全自动仓储场景，依靠的是搬运机器人、货架穿梭车、分拣机器人、堆垛机器人、六轴机器人、无人叉车等一系列物流机器人的相互协作，并通过加强大数据网络规划和供应链的深度协同等技术，让京东智慧物流有自我学习、自我迭代、自我决策的能力，让京东的成本、效率、用户体验到达一个全新的台阶。

"三无"黑科技

一个自动驾驶集装箱车队行驶在高速公路上，途经城市居民区，一群呆萌可爱的小电瓶车从集装箱中开下来，直接送货上门，消费者只需扫码，收货；集装箱车队继续行进，到达农村地区，一队无人机自动起飞，各自到达客户位置，自动悬停在一米高度，将货物交给偏远地区的消费者后迅速飞回集装箱等待下次指令……这不是好莱坞大片中的科幻镜头，而是京东物流将为消费者带来的应用场景。相信在不久的将来，它们都会出现在我们的现实生活中。

2016年，京东成立X事业部和Y事业部，聚焦智慧物流的前瞻性研发和应用。X事业部迅速展开了无人仓、无人车和无人机的研发和落地。京东智慧化物流已经形成集自动化运作、数据化运营和智慧化供应链为一体的运营体系。

我们眼中的智慧物流是一个完整的体系，无人仓解决进货、存储、拣货、包装、分拣等环节，无人车主攻城市环境下的最后一公里配送，无人机则锁定乡村配送……单一环节的自动化升级会带来局部效率的提升，而京东拥有完整的物流体系，掌握每一个物流环节，并展开全面的智慧物流升级，通畅的数据流、天然的无缝衔接、完整的全局考量让京东的实践颇具特色和优势。

无人仓

京东无人仓，百分之百都是由智能机器完成，从入库、理货、出库、分拣全部不需要人力的参与，是将物流仓储中人员密集度高的搬运、拣选、包装等工作无人化、机器人化。京东希望通过无人仓将仓储向垂直空间发展，充分利用库房面积。同时，无人仓中的机器人将人从繁重单调的体力劳动中解放出来，让他们可以产生更高的价值。无人仓代表着全新的第三代物流系统技术，将是京东物流应用质的飞越，其智能化体现为：数据感知，机器人融入，算法指导生产。

当货物走出京东无人仓后，就将依靠无人车和无人机送到用户手中。

无人车

京东无人车包括无人配送车和无人货车。

京东智能无人配送车的中型车可载重50~80公斤，小型车可载重20~30公斤，无人车内建有导航系统，具备识别红绿灯、定制路线、躲避行人的功能，能够实现完全自动配送。京东正在紧锣密鼓地开发从仓库到配送站的大型无人货车。无人货车在高速公路等简单道路环境中以队列跟随行驶的方式运行。车内含货架系统与货仓对接，换句话说，这就是一个搭载着高精度导航、自动感知环境、自主判断货物投放的移动仓库。目前，京东无人配送机器人已在人大、清华等高校实现常态化运营。

中国城市物流体系严重依赖人力，特别是从配送站到用户手中的这段距离，需要大量配送员的辛勤劳动。京东无人配送车可以实现针对城市环境下办公楼、小区便利店等订单集中场所进行批量送货。未来客户买了东西可以给京东授权，我们的无人驾驶汽车能行驶到客户设定的地点，通过密码交互，机器人自动将包裹投递到客户的汽车后备厢，全程不需要客户等待也不需要签收，实现从站点到客户地址的全自主送货，为城市消费者解决好最后一公里的问题。无人配送车采用的是激光 + 视觉 +GNSS（全球导航卫星系统）的导航技术，而电池供电的动力系统，在实现自动驾驶的同时，还保证了环境友好。

无人机

在解决城市配送问题的同时，我们并没有忘记广大的农村物流问题。电子商务为城市生活带来了巨大的变化，不过，对很多居住在农村的人而言，电子商务却像是天方夜谭。由于互联网普及度不高，农村物流配送体系不完善，电子商务在农村的开展变得步履维艰。用传统的配送方式给农村的客户服务，成本是北京、上海等一线城市配送成本的 5 倍以上，这也是妨碍农村电商发展很重要的一个问题。

京东通过调研发现，从配送站到村庄直线距离往往小于10公里，但因为地形原因，需翻山过河，配送员进行一次配送有时需要半天以上，时间成本很高。同时，中小件货物的平均重量和体积都不大，很适合采用无人机批量完成。京东测试的无人机供货不针对消费者的单个订单，主要完成从配送站到乡村推广员之间的农村电商配送环节。无人机迅速将货物从县级配送中心送到每个村的乡村推广员手中，有效提升农村电商配送的效率和用户体验。

京东的配送无人机并不只是一个单纯的配送工具，而是一整套完整的物流配送体系。京东以多种无人机型相结合，打造快速干线、支线物流网络，打出一套组合拳。Y-6多旋翼型、VTOL固定翼型和首次亮相的油动四旋翼三款机型覆盖了近距离（1公里）和中远距离（30~50公里）的运输，并兼顾了载重的需求（5~30公斤）。在实际应用中，无人机物流涉及订单管理、无人机调度、无人机航线管理、无人机及备品备件维修保养、人员管理、安全管理、地面接收管理等多个方面。

在无人机正式投入试运营后，京东将针对360度自主避障、智能航线规划、自主装卸货起降平台、飞行平台安全性和稳定性等进行技术上的提升和改造，同时简化运营流程，让无人机与物流系统实现无缝对接，全面提升物流配送效率。

图 5-2　京东在江苏宿迁开展无人机试运营

图 5-3　京东三轴共桨无人机

继 2016 年 6 月 8 日在宿迁开展无人机试运营完成首单配送以来，2016 年"双 11"期间，京东无人机已在宿迁、西安、北京等多地同时投入运营。截至 2016 年底，京东无人机已完成超过 1 万分钟的飞行总时长、近万公里的飞行里程、超过 1000 架次的飞行次数，并已获得四地的飞行许可，勘测确定超过 10 条航线。2017 年 2 月 21 日，京东集团与陕西省政府在西安正式签署了关于构建智慧物流体系的战略合作协议，携手打造全球首个 300 公里半径低空通航物流网络。该网络能够覆盖陕西省全境，进一步辐射周边地区。这是全球首个包含干线、支线到最终配送的全域无人机物流网络。这标志着在终端配送无人机多地试运营的基础上，干线和支线无人机通航的帷幕也已经拉开，代表着京东在全面技术驱动道路上不断前进的坚实步伐。

物流社会化

在2017年开年大会上，我宣布京东将转型为一家纯技术公司，要成为中国商业零售领域的基础设施提供商。

物流社会化是京东物流发展的必然选择，就像我们要做POP平台一样，是自然而然的事情。2016年11月23日，京东推出京东物流全新品牌标识，宣布京东物流将以品牌化运营方式全面对社会开放。京东物流可以为商家提供线上线下、多平台、全渠道、全生命周期、全供应链一体化物流解决方案，实现商家B2B、B2C、B2B2C模式下库存共享和订单集成处理；可为商家提供总分仓及平行分仓的多仓运营服务，也可以为商家开通海外仓、国际运输、国内保税仓，为商家提供跨境物流服务；可结合金融服务产品开展仓单质押等金融服务。为了更好地向全社会输出京东物流的专业能力，帮助产业链上下游的合作伙伴降低供应链成本、提升流通效率，2017年4月25日，京东正式组建了京东物流子集团。

从2007年开始自建物流到现在用了10年的时间。随着越来越多的"亚洲1号"建成，富余的仓储和配送能力越来越大，开放也就成了大势所趋。

成本中心转利润中心

上文已经分析，物流是规模越大越好，规模大才能带来网络效应。京东过去10年打造的物流体系，比目前市场上任何一家竞争对手都至少要领先5年。如今，无论是用户还是资本市场，都对京东自建物流模式给予高度认可。京东过往投入巨大的物流领域也会从成本中心转为利润中心。比如亚马逊，早在2006年，亚马逊就把仓储物流富余部分开放给第三方商家，该项业务叫作FBA（Fulfillment by Amazon，亚马逊配送）。亚马逊2016年第三季度财报显示，亚马逊前三季度物流总收入60亿美元，履约成本为43.35亿美元，履约成本费用率为13.25%，第三方物流收入能够覆盖一半的物流成本。我相信经过京东不断的技术创新，会使成本进一步降低，效率进一步提升，当商业活动所有成本均达到了最低，消费者就能享受到最好的价格、最佳品质的产品和最优的用户体验。我们的物流也会从成本中心转化为利润中心。

品牌商：降成本，提效率

京东物流是为品牌商做供应链服务的，其核心价值在于降低品牌商的渠道成本，提升运营效率，为它们创造巨大价值。例如，京东可以根据品牌商区域销售特点安排商品在不同地区更合理地入库，省去了以往的更多转运环节，提升了商品流通的效率，缩短了货品抵达用户的时间，也保证了商品运输的安全。京东的做法不仅降低了品牌商的成本，也降低了整个社会的流通成本。

基础设施服务提供商

京东物流的目标是将 B2C 领域对终端消费者的服务能力延伸到整个商业领域，构建一个能够整合电商、金融、大数据、技术等各方资源的生态系统，推动物流行业的全面繁荣。未来，这个生态系统将在各方的共同努力下不断地进化和演变，最终将成为中国商业领域的基础设施，为我国的零售、物流、消费者以及全社会创造全球领先的价值。

通过体系整合、技术提升、人性关怀，京东的物流已经从冷冰冰变成一个能感知温度的体系。

第 6 章

反哺和倒逼生产商

在前面几章的讨论中，我们看到在基于互联网的新型流通模式里，电商平台已经成为核心。之所以称其为核心，是因为电商平台不仅仅是供应链上不可或缺的一环，还会对上下游的合作伙伴产生很强的拉力或者推力，甚至会显著影响"品质三角"的稳定性。仅就上游而言，电商平台就可以通过坚持采购正品、加快结算速度、提供金融服务、传递消费需求和助力品牌建设等形式来提升它们的运营效率。

　　作为B2C电商平台的典型代表，京东正在凭借其日益强大的品牌影响力和近3亿优质客户的消费力，把驱动力向上游的13万家优质品牌商进行传递，以其独特的方式和节奏调节着关联供应链的运行效率。

保良币驱劣币

"保良币驱劣币"任重道远

早在 16 世纪,英国银行家格雷欣发现了一个现象:人们总是习惯于把贵金属含量高、成色好的货币(良币)留下,把贵金属含量低、成色不佳的货币(劣币)先花出去,于是,在市场里流通的劣币越来越多,良币越来越少。这个现象被后人称为"格雷欣现象",它还有一个更通俗的名字叫作"劣币驱良币"。

"劣币驱良币"不是格雷欣时代的特殊现象,它在市场经济和社会生活领域里普遍、长期地存在着,现今依然如此。比如,你的手头有两张 10 元的纸币,一张完整如新,另一张残缺陈旧。那么,当买东西要付钱的时候,你会先花哪张?没有悬念,几乎所有人都会近乎本能地先花那张旧的。同样,在公交车站,不肯排队的人总是容易捷足先登,规规矩矩排队的人经常吃亏。如果这种不良现象长期得不到纠正的话,大家就都会放弃排队,好不容易养成的公序良俗就会乱掉。

商品流通领域里的"劣币驱良币"现象更为常见,突出地表现为假冒伪劣横行市场、正宗品牌备受冷落。原因是假冒伪劣产品的制造者没有在创新研发方面投入多少人力物力,所以其成本低、售价低,但利润高。在攫取大量的利润之后,假冒伪劣产品的制造者就有条件发起更大规模的促销活动。在信息不够对称的情况下，这会吸引更多的消费者前来购买他们的产品，为他们积累更多的财富。而正宗品牌的产品则由于研发成本高、售价高和利润低而处于竞争劣势，甚至被迫退出市场。这种病态的社会现象不仅有悖公平，还会严重地影响产业创新发展的效率，甚至摧毁它。

快速发展的互联网虽然将信息的传递效率提到了前所未有的高度，信息不对称的程度显著降低，但在商品流通领域，包括电子商务领域的"劣币驱良币"现象却未显著减少。近年来国内屡屡爆发的各种假冒伪劣事件在不断地提醒着我们，"保良币驱劣币"仍然任重道远。

坚守品质采购

那么，如何在全社会营造起"保良币驱劣币"的氛围呢？第一，行业要有区分"良币"和"劣币"的标准和方法；第二，国家需要出台相关的法律法规，提高"劣币"的违法成本；第三，主管部门要加强日常的监督管理，加大对"劣币"的打击力度；第四，相关市场主体都要积极地行动起来，充分发挥自身的优势，深入参与到驱除"劣币"的行动中来，共同构建品质化的社会消费环境；第五，消费者要形成尊重正品行货的意识。

作为一个越来越重要的商品流通渠道，电商平台有义务，也完全有可能以品质采购理念为指导，严把入口关，杜绝假冒伪劣产品进入流通领域，帮助正品企业获得更多的市场机会，促进产业、经济和社会进入良性循环。

什么是品质采购？

第一，从用户的角度来看，核心是所购商品的品质好。这主要体现在功能完善，能满足甚至超额满足用户的需求；使用安全，不会危害用户的健康；用料实在，符合标准，经久耐用；外观时尚，让人赏心悦目。在消费升级的今天，用户对于产品的安全和材料的要求没有放松；对美观度的要求正在不断地提高，向能展现消费者独特的审美品位和价值观的方向发展，"颜值"不高的产品缺乏竞争力；对产品功能的要求也发生了很大的变化，具备互联网特征的产品将得到更多的市场机会。

第二，从采购者的角度来看，尤其流通商，采购活动必须高效有序，采购的品类、时点和数量准确，不会产生过多的积压。

第三，从人与自然的关系来看，所采购的产品要对环境友好，在制造、使用、维护和废弃处置全生命周期过程中都是低污染、低能耗的产品。这将倒逼制造业开展绿色制造，保护我们赖以生存的自然环境。

第四，从生产过程来看，生产商要对生产工人友好，能自觉地尊重他们的合法权利，保护他们的身心健康。不少人士认为，许多表面光鲜的品牌产品其实都是用广大工人们的血汗培育出来的。例如，2016年8月27日，《财富》杂志网络版援引中国劳工观察（China Labor Watch，CLW，总部位于美国纽约的非营利组织）刚刚发布的一份报告，指责和硕联合（该企业在上海设有一家大型工厂，自 2011 年开始为苹果组装设备）让其工人一周工作时间超过 80 个小时，违反了苹果自己制定的政策，即员工每周工作时间不超过 60 个小时，并且每周至少休息一天。

第五，从社会公平来看，在同等条件下应优先采购弱势群体的产品，帮助他们自食其力，维护他们的生存尊严。这种"采购扶弱"的"授渔"之举有利于扶贫助弱工程走到可持续发展的道路上来。

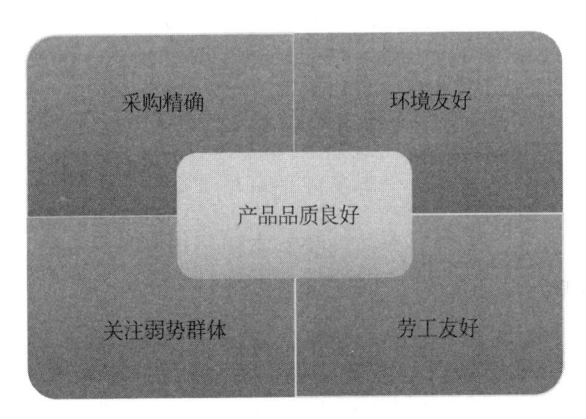

图 6-1　品质采购的一个核心与四个外延

上述五项条件中，第一项是核心，后四项是外延。只关注产品品质的采购活动容易诱导生产企业急功近利，忽视自己应该承担的社会责任。而能满足这五点的采购活动可以对上游的生产商以及它们的工人、对下游的用户以及我们所处的社会和自然环境都产生良性的推动作用，有助于社会文明的进一步提升以及人与自然的和谐相处。

可持续性公共采购

其实，有心的读者可能会发现，后三点与联合国倡导的"可持续性公共采购"的理念基本吻合。这是因为这个理念完全契合了京东的价值观和行为准则，值得作为企业准则加以贯彻推行。

早在 2002 年，联合国在召开可持续发展首脑峰会时便提出了可持续性公共采购的理念，旨在号召各国政府用规模庞大的公共采购推动制造业和全社会的变革。该理念一经提出，迅速成为可持续生产和消费领域的焦点，也成为许多国家制定公共采购政策的新依据和全球推进可持续发展的重要实践领域。联合国环境规划署、联合国经济和社会事务部把可持续公共采购作为推进"马拉喀什进程"的重要内容，国际劳工组织也同样在积极履行和推进公共采购的社会责任。

总之，在消费升级的大背景下，广大消费者对产品品质的要求越来越高。一个负责任的流通企业，应该立足现在，放眼未来，自觉地履行"品质采购"理念，把好产品流通的入口关。

六项举措驱逐"劣币"

激烈的市场竞争、信息的不对称性以及一些人为的因素导致了采购环节容易滋生腐败，进而为"劣币"进入流通领域大开方便之门。所以，不管是公共机构还是企业组织，要想实现品质采购，需要采取如下六项措施。

严格的采购制度

传统企业常有的一个误区是"采购是采购部门的事"，这其实是非常错误的。除了采购部门，采购至少还是销售部门的事。因为销售部门肩负着向用户交付产品、回收货款的职责，对产品的畅销和滞销最有发言权。在制造业里，采购还是研发、设计和生产等部门的事，因为这些部门要对自己产品的质量、数量和交货期负责。在京东这样重视用户体验的流通企业里，采购同时还是客服部门的事，正是他们在产品交付之后的使用过程中一直"陪伴"着用户。用户从产品中所获得的快乐不见得能告诉我们的售后人员，但所有的不满和口水则一定会喷向他们。所以，客服部门及其所收集的大量数据，是指导京东做好采购工作的重要依据。

既然有这么多部门和人员都应该参与到采购活动中去，那么明确、严格和完善的采购制度就应理所当然地成为保障采购工作有序、高效运转的前提和基础，正所谓"没有规矩，不成方圆"。否则，企业将陷入非常恐怖的"采购失控"状态，不战自败是其必然的下场。

【案例】京东买手

京东现有一支4000多人的买手队伍。为了实现品质采购，我们不仅制定了各种严格的规章制度，对供应商进行严格审核，还主动联合了工商、质检等政府管理部门和莱茵、Intertek 等国际知名的第三方质量检测机构，对产品质量进行 360 度多维管控。十几年的发展经验表明，如果京东在采购环节没有这些严格的标准、原则、流程和团队的话，其后果是难以想象的。

准确的采购预测

采购的一个重要指标是采购数量和交货期是否准确？采购数量源自前端销售环节对市场需求的预测，再综合考虑当前库存、在途品和在制品等环节，才能确定相对准确的采购数量和采购时点。其中，后三者相对清晰和稳定，但市场需求却变化多端，难以捉摸。所以，对销售预测就成了品质采购中非常关键的、依靠人工很难完成的"技术活"，必须借助先进的工具。但是，即便拥有了先进的工具，在现阶段，理论意义上的准确也很难实现。不过，随着预售、产品众筹、团购、C2B、C2M（顾客对工厂）和个性化定制等模式的兴起，近乎理想化的采购准确度有可能逐步成为现实。

从 2011 年 6 月起，京东研发部门就开始着手建设基于大数据的销售预测系统。由于技术的复杂性和京东 SKU 的持续高速增长，该系统的建设工作一波三折。直到 2013 年底，我们的技术团队才借助私有云成功地建设起了完整的历史数据体系，上线了更为精准的价格模型、季节性模型和决策树模型，销量预测的准确率提大幅度提高。如今，京东的采购决策基本都是由系统计算得出的，最大限度地排除了人为的干扰。

优质的供应商队伍

有了严格的采购制度和准确的预测，还必须要有"给力"的供应商。供应商的重要价值在于把控好产品的质量、服务和交货期。也就是说，优质的供应商必须能够准时地提供满足品质需求的商品，并有完善的服务做保障，当然也要符合"品质采购"的理念。随着社会的发展，已有的技术创新和某些独特的资源优势都不足以保障一个企业长久地拥有突出的竞争力，市场竞争发展到最后就是供应链的竞争。所以，任何对供应链的品质有所要求的企业，都势必会建立起规范的供应商管理体系，与一批优质的供应商结成利益同盟，形成产业生态，从而保障自己的供应链的稳定性和高效性。目前，有超过13万家经过严格审核、接受严密监测的优质供应商，用数以亿计的商品为京东高品质的消费者提供稳定的支撑。

供应链的网络化协同

供应链已成为许多领先企业的核心竞争力，而响应速度则是供应链最为重要的指标。其中最容易造成耽搁的环节是企业间的协作。传统的以人工操作为基础的"电话+传真""电话+邮件"

的协同模式已经落后，基于互联网和API（应用程序接口）的毫秒级协同模式终将大行其道。通过信息系统的纵向打通，终端用户的购买需求可瞬间查遍企业的库存；如果库存不能满足，用户的购买需求将转化成工作指令，沿着生产、采购、供应商这个链条逆向传导；在企业即将下达采购指令时，供应商可能早已经做好了发货的准备。网络化协同从信息传递的实时性和准确性两个方面为品质采购奠定了坚实的基础。前文介绍的美的就是一家与京东开展深度合作的家电企业，2017年双方又签署了200亿级别的战略合作协议。

【案例】京东美的全面协同

美的与京东的战略合作已经步入第5个年头。5年来美的整体销售增长迅速，截至2016年销售规模增长了7倍多，并且连续多年蝉联京东家电品牌年度销量第一。双方在协同仓、EDI对接等项目上持续合作，京东把在科技、物流和营销上的领先优势转化成更多的供应链创新，带动了双方的经营效率全面提升，有效拉动了销售增长。合作以来两家企业的经营利润均有大幅增长。在空调业务的合作上，双方不断实现优势互补，尤其是在产品零售、服务权益以及用户体验上，双方合作范畴不断加深，取得了骄人的成绩。2017年双方又签署了200亿级别的战略合作协议。6月1日，美的家用空调联合《吐槽大会》的主持人曹云金推出《吐槽小会》三部曲，火爆各大社交媒体，实现了美的家用空调在京东单日爆售近3亿元的大好成绩。6月18日的"6·18"大促活动当天，美的在京东的销售额突破了6亿元，并且首次在京东取得了销量第一的历史佳绩，创造了品牌神话。6月28日，为了迎接美的超级品牌日，美的家用空调携手美少女偶像团体SNH48空降京东总部，为京东带来了一场青春大轰趴活动！#青春大轰趴#的话题阅读量达9000万次，并且最终助力美的家用空调在非重点促销日实现了在京东销售额破亿元的历史佳绩。

高效的采购管理信息系统

采购的复杂性、严肃性和用户需求的紧迫性都要求企业必须快速、准确地做出采购决策。其间涉及许多可变因素、大量的商品品类和海量的多源异构信息，仅靠人工来"算计"，这显然是一项无法完成的任务。这时，一套完善的、强大的、高效的采购管理信息系统成为承载企业采购活动乃至整个经营活动的基础设施。

京东高速发展13年，目前经营着300多万个SKU、数以亿计的商品，未来的SKU可能会超过1000万个，如果没有高效的管理信息系统做支撑，其混乱的局面恐怕会超出任何人的想象。以前我们有无数员工在补货、做活动、定价、推荐，未来我们会用人工智能的方式对每件商品进行精准的预测。人工智能相当于我们拥有了数百万个在京东工作了15年的老采销，盯着每一个SKU，对它进行精准的销量预测、补货和选品。不管市场价格等竞争因素、季节因素如何变化,我们的推荐都能达到最精准。今天,我们可能还有80%的工作量靠人工,而未来几年我们希望100%靠智能,而不是靠人。

高素质的采购人员

再好的制度和工具都需要人来操作和使用。如果没有高素质的采购人员对供应商的资质、所提交的资料和产品进行把关,一切都无从谈起。所以,采购人员的素质就非常关键。这既包括他们的专业水准,也包括他们的道德操守。在企业里,要努力建立起崇尚诚信、奖功罚过及合法致富的文化氛围。

京东邀请国家相关部门和第三方质检机构为员工提供全覆盖式的专业化培训,以提升他们的专业素养。同时,京东对负责采购的员工也有完善的监控制度,对采购过程中的腐败行为采取严厉打击的高压态势,已将多名涉嫌腐败的员工移送司法部门。

"五个一"采购策略

京东在文化、制度、模式和技术四大基因之上创建了"360度质量保障体系",从采销、质控、仓储、配送、售后等环节上进行全流程把控,确保为用户提供优质的产品。

一个理念:诚信

精确采购的最终目的还是要服务于客户。所以,京东做的第一件事就是把"坚持初心，不卖假货""正品行货"的理念作为企业的核心价值观灌输到每个员工的心中、落实到每个员工的行动上，这是最为重要的。无论是十几年前在中关村卖光碟的那个小柜台，还是今天经营着数以亿计的商品、年交易规模近万亿元的大公司，我们经历了风风雨雨，遇到过无数的利益诱惑，但京东对品质的追求从未改变，未来更不会改变。

使"坚持初心，不卖假货"理念得以贯彻的背后，是京东不断坚持的"诚信"价值观。任何有悖于诚信的行为，都是京东所不能容忍的。京东从发展之初就坚持卖正品，坚持全额纳税，坚持给每个员工足额缴纳"五险一金"，都是这项价值观的具体体现。以此为基础，我们在全公司成功地营造起了浓厚的诚信氛围，在宏观上把诚信作为公司的坚定信念和战略准则，在微观上指导着每个员工的行为。在坚持诚信的原则之下，把"合法致富"的共同价值观融进员工的潜意识里，驱除那些歪门邪道的想法，让大家从思想上对不良品进行自觉抵制。

一条红线：严禁腐败

如果一个组织机构有贪腐行为发生，那么采购部门和采购决策人就是"重灾区"。京东如何管理好近4000名专业买手呢？在这方面，京东奖罚并重。对于辛勤工作的员工，京东竭尽一切所能给予优厚的、明显高于同行业的待遇，建立起公平的财富分享机制，让大家共享京东发展的红利。与此相对应的是京东对腐败的零容忍，要求所有员工恪守"诚信"原则，兢兢业业地做好自己的本职工作，不能为一己私利损害公司、用户和供应商的长远利益。为此，我们发布了《京东集团反腐败公告》，对全体员工的行为进行约束；成立了资质审核部、招商部以及内控合规部、监察部等机构，对所有对外合作的合法性进行检查；在采购流程上也做了设计，采购人员只负责将合格的供应商"招"进来，至于从每个供应商采购多少货物，什么时候买，则由系统决定；京东还采用了责任人倒追机制，一旦出现质量问题，整个链条上所有负责人都将受罚。我曾多次说过：如果公司怀疑你贪了10万元，就是花1000万元也要把你查出来，我决不允许让10万京东兄弟的心血毁于一旦。

【案例】京东的反腐倡廉

京东每年都有人因涉嫌贪腐被查处。2016年10月24日，京东集中实名公布了近期查处的，包括服饰家居事业部奢侈品部总监栾×、消费品事业部POP运营岗周××和生鲜事业部POP运营岗石××在内的10起腐败事件，有多人已被公安机关刑事拘留。这充分彰显了京东惩治腐败、为消费者选择优质产品的决心。对于自觉遵行公司反腐政策的员工，我们也不吝奖励。近期典型代表有：居家生活事业部运营管理部的90后女孩温玉杰拒收商家现金50000元贿赂，东北区大件运营部沈阳大件运营中心的董琳先后两次拒收投标公司现金总计11000元，华北区大件运营部配送运营部朱玉明拒收承运商现金10000元，等等。对这三位同事的杰出表现，京东按照规定分别给予25000元、5500元及5000元的现金奖励。

一套体系：管好供应商

为了保障商品的质量，京东建立起了"360度质量保障体系"。其中，为了把好商品的入口关，最大限度地把传播"劣币"的供应商排除在外，京东已形成了一套完善的供应商管理体系。第一，采用"2.5法则"选择供应商。如果某一品类有多个供应商，京东会根据供应商的价格、交货期、质保能力和响应速度等要素进行综合打分，然后根据得分的排名进行不同比例的采购。第二，对供应商采取严格的资质审核制度，必要时需要提交国家或行业授予的资质证书，如经营塑胶玩具需提供强制性产品认证证书（ICCC认证），食品供应商要提供食品经营许可证或食品生产许可证；品牌资质则包括商标注册证、授权链文件、质检报告和报关单（进口产品）等。第三，从专业的第三方机构获取供应商的信用评估报告，与工商局等社会监管机构交换企业信用数据，提高对问题供应商的识别和惩治能力。第四，提高违规成本，对售假或销售存在质量问题商品的商家处以100万元或销售额10倍的罚款，情节严重的还将被关店或清退。

一个战略：渠道上游化

由于缺乏谈判筹码，京东在发展之初多是从各品牌商的渠道终端拿货。以大家电为例，2011年，京东大家电的销售额已达50亿元，但很多都是"炒货"，品牌合作战略几乎没有。由于遭到传统渠道的屡屡投诉，各大家电品牌商对京东非常警惕，要么不肯与京东合作，要么对京东施以最苛刻的条款。所以，当时京东大家电的商品质量、价格和供应量很不稳定，给公司的正常经营造成了很大的困扰。其他品类由于发展较早，上述问题早已出现。

因此，早在2005年，京东就开始推行"渠道上游化"战略，坚持不懈地将目标供应商从渠道终端向上游转移，甚至通过价格让步、现金提货等方式与品牌商、总代或一级代理建立合作关系。这个过程走得非常艰难，一直到了2013年，京东的上游化战略才初见成效。当年，京东为海尔的统帅品牌销售了5亿元，震动了海尔上下，直接推动了当年年底海尔全线产品合作的达成。同年，三洋、奥克斯等二线品牌也发力京东，鲶鱼效应出现，剧烈地搅动了家电市场。许多品牌商开始主动找京东商讨合作，采购工作以及整个供应链的效率才开始显著提升。到目前，京东自营商品的供应商中，生产厂家和总代理商占比超过了90%，为我们捍卫"正品行货"的理念奠定了货源基础。

一项制度：系统决定补货

采购的价格、数量和时间是精确采购中的三个关键点。通常来说，价格是由财物部门经过复杂的计算之后确定的；数量则是由销售部门提出需求、采购部门结合库存数量做出采购计划，并与供应商协商下单时间。但京东不是这样做的。京东的价格，不管是进货价和销售价，都是由信息系统计算出来的，人要听系统的。我们的系统会每隔半小时在网上抓取竞争对手的价格，然后根据成本和既定的规则确定采销价格。同样，每个库房需要采购的货物品类、数量和时点等关键决策，也都是由自动补货系统基于销售预测和库存管理等系统的数据给出的，然后自动订单系统向供应商下单，或由采销部门的人根据系统的指示去跟供应商谈判，拿到最好的价格。如果是全新的品类，系统里没有相关的历史数据，就暂时由员工根据经验来处理，但是，15天之后必须由信息系统来接管，人工就无法再干预了。这种机制的设计，也是为了防止一人权力过大，滋生腐败，为假冒伪劣产品带来可乘之机。

与上游分享效率红利

为何要与上游分享效率红利？

上游供应商一般都是很传统的企业。影响传统企业生死存亡的重要因素有哪些呢？最直接、最关键的是现金流。显然，只有当现金流入稳定地高于现金流出的时候，企业才有可能维持运转，否则，企业就会迅速僵化，走向衰亡。

那么，把命悬于现金流这一线的企业拖入深渊的"魔掌"是什么呢？

首要的因素是存货。大量的滞销品使得原本用于流转的资金变成了鲜有人问津的库存，"资金—资产—资金"的螺旋式上升的良性循环被阻断，高企的库存像一只魔掌一样拖住了企业的后腿。

所以，坚定不移地去库存可能是此类企业处理存货、盘活现金流的必由之路。深入地了解用户的需求，从用户的角度出发去研发、设计和供给高品质的产品，适度开展个性化定制等，都是防止新增库存规模化出现的有效手段。

大规模投资是另外一个能快速消耗企业现金流的"黑洞"。无论上马新项目、购置固定资产和研发新技术，还是参与股权和债券等金融投资，所涉及的资金往往在很长时间里都无法流动，甚至无法收回。所以，适度控制投资规模，果断处置不良资产，剥离低价值的非核心业务，以保证充裕的现金流，是一个理智的企业应有之举。

应收账款是切断传统企业现金流的第三个重要原因，而且是一个防不胜防的"笑面杀手"。之所以这么说，是因为它的始作俑者（也就是买方）一开始并没那么可怕，总是给予企业满满的信心和希望，甚至到了对簿公堂的时候，他们也能坦承欠款之实。问题是，他们借助市场竞争激烈之势，给企业设置了很多结款障碍和越来越长的结算周期。然后，无法避免的通货膨胀和财务成本则趁机把企业的利润甚至本钱都给吞噬了。

如果说企业对库存和投资所导致的现金流出还有一定的把控力的话，那么，它们对应收账款导致的现金流突然停滞则往往束手无策。因为这只"魔掌"一开始总是给人以温暖热情的错觉，不知不觉就把企业拖下了深渊。在内忧外患的夹击之下，许多企业，尤其是传统企业总是觉得自己的现金流吃紧，"缺钱"成了常态，"找钱"成为一大批制造业老板的工作重心。企业的持续经营和创新发展都受到了严重的阻碍，有大量的企业在转型升级的道路上因为现金流的掣肘而掉队。

在上游供应商内外交困的同时，电商平台的效率红利却日趋壮大。在市场竞争机制的调节之下，平台必然难以独吞效率红利，红利会向供应链的两端转移，尤其需要向上游转移。为什么这么讲？在互联网和电子商务时代，市场竞争从单个企业之间的竞争向供应链与供应链的竞争、产业生态和产业生态的竞争升级。在这种情况下，作为新流通生态中关键的一员，电商平台要想在竞争中长期立于不败之地，必须要主动出击，不断地增强自己的上游供应商和产业生态的稳定性、健壮度和竞争力。因此，电商平台有必要利用其资源整合优势和流通效率优势，向上游合作伙伴伸出橄榄枝，通过缩短结算周期、开展供应链金融、保持理性的采购价格、加快销售速度和扩大销售规模等形式，帮助上游制造商保持健康的运营状态，从而为自己乃至整个供应链生态提供充足的保障。

飞利浦电视机是国际知名品牌，在中国也曾经家喻户晓，销量很高。迫于市场竞争的压力，2011年4月，飞利浦把电视机业务以设立合作公司的形式转卖给了冠捷。在渠道方面，冠捷选择只跟某单一渠道合作，结果销售利润根本支撑不了运营，品牌快被做死了。2013年下半年，冠捷果断地停止了与该渠道的合作，与京东签署了战略合作协议。于是，飞利浦电视机在京东的销量快速增长。一个面临倒闭的知名电视品牌就这样被电商平台给挽救回来了。

快速结算：为上游伙伴"保血"

从欢喜冤家到亲密伙伴

在流通领域，制造商和渠道商是供应链上的一对欢喜冤家。一方面，制造商离不开渠道商，产品的交付、货款的回收、服务的兑现和品牌的下沉等许多方面都是制造商自己所鞭长莫及的。正是因为这个原因，许多渠道商拥有了向制造商"叫板"的筹码，也因此被制造商视为随时可能变节的"犹大"。两者之间阳奉阴违，钩心斗角，暗自角力。这是矛盾的另外一面。

时至今日，结构性的供给过剩几乎遍及我们国家的每个产业领域，买方全面掌握了主动。如在建筑领域里的业主对总包商、总包商对分包商、分包商对物资供应商和民工队等，都掌握了很强的话语权，最后的结果就是货款和工程款被大量拖欠，民工讨薪事件不断上演。消费品流通领域则出现了渠道失灵、库存高企的情况，许多行业触目惊心，江、浙、闽、粤一大批服装厂不得不关停并转，老板频频跑路。

在这种买方或渠道商占据优势的情况下，供销双方的结算周期就成了谈判的筹码，其摆放位置决定着供销双方的利润高低甚至生死存亡。无论怎么谈，摆在制造商或品牌商面前的往往就是个两难的抉择：供货，回收货款难，甚至回收无望；不供，产品销售难，企业的生产运营马上就可能停摆，失去最后的逃生机会。这两者之间仅只是慢死和快死的区别而已。流通领域的结算周期一般都在3~6个月，前面所说的建筑领域的结算周期按惯例常常超过了两年，甚至达到3~5年。漫长的结算周期给供应商套上了沉重的"枷锁"。

前面我们讲过，随着社会的发展，单一企业间的竞争已经发展为供应链与供应链的竞争，一条供应链上下游的合作伙伴是"一荣俱荣，一损俱损"的利益共同体。所以，制造商和渠道商都不应该只盯着自己的利益，要站在全局的高度与上下游的合作伙伴共筑产业生态，共同把"蛋糕"做大，把竞争力做强。所以，作为供应链上的核心企业，电商平台应该利用自己在资金整合和运营效率方面的优势，为相对传统的上游制造商加快结算速度，帮助它们有效地保护"自有血液"，保持良好的现金流动性和健康的运营状态，为供应链生态的稳定奠定坚实的基础。

京东的结算制度

从 2011 年开始，随着京东销售规模的快速攀升、社会影响力的不断提高以及采销工作的逐步规范，一些制造商或品牌商对京东的态度开始发生改变，甚至主动跟京东探讨合作事宜。从此，京东与供应商的合作翻开了崭新的一页。如今，京东已经跟超过 13 万家供应商建立起了密切的、共赢的合作关系。相对于传统的线下渠道，京东的结算制度为供应商的经营发展提供了良好的支持，得到了它们的一致认可。

京东自营业务与供应商的账款结算包括经销与代销两种方式，占比最大的是经销结算（88%），即按照供应商与京东提前约定的账期结算，从快消品的 30 天到图书的 120 天不等，主要受商品的保质期和市场欢迎程度的影响。其次是代销结算，依据销售成本，每月结算一次。2016 年，京东自营部分的结算率达到 99.8%。

秉承客户为先的理念，提升供应商体验，加快结算速度。京东财务自主研发了"供应商自助结算功能"，该功能可根据设定自动生成结算单，自助结算。供应商可自助操作结算单确认、返利单确认、公对公在线支付、实时结算、结算明细查询与导出、返利发票在线申请与邮寄、付款审核进度查询等一系列结算环节。自助功能的实现大幅提升了结算效率，结算单的出具时长由原来的 180 秒缩短至 0.1 秒，供应商收到结算单的时间也由原来的 7 天缩短至现在的 1~2 小时。

对平台商家，京东采取了"T+1 结算"和"账期结算"两种模式。"T+1 结算"即订单完成后的下一个工作日，商家便能够在其京东钱包企业账户中收到前一日在京东开放平台已完成交易所对应的应结算款；整个过程无须人工审核，商家可以随时提现、支付，显著提升了资金周转效率。"账期结算"则有日结、三日结、周结、半月结和月结多种模式。

京东自营在售商品超过 300 万个 SKU，应付账期仅 50 天左右。相对传统流通渠道，京东极大地提高了流通效率，显著地降低了流通成本。

供应链金融：给上游伙伴"输血"

供应链金融是电商平台与上游分享效率红利、给上游合作伙伴"输血"、帮助它们成长的另外一个重要手段。

平台供应链金融的重要意义

供应链金融主要是指金融机构以供应链上的核心企业的信用为基础，为链上的中小企业提供资金融通服务（比如应收账款融资或仓单质押贷款等），以提升供应链的运行效率和稳定性。由于传统的金融机构对风险控制的要求很高，所以它们开展供应链金融的过程比较复杂，需要对贷款企业的资质、信用、交易内容、担保方和抵押物等多方面的要素进行全面评估，有时还要与核心企业进行谈判，要求核心企业参与到对中小企业贷款的担保中来，以最大限度地降低自己的风险。这些复杂的操作显著降低了供应链金融的操作效率，对申请企业及整条供应链的运行效率帮助并不明显。这是传统金融机构的运营模式所造成的系统性障碍，自身很难克服。

电商平台作为品质链上的关键一环，与上游的广大合作伙伴有着实时的、密切的合作。借助互联网、大数据和云计算等先进技术，电商平台对各家供应商了解得非常细致，能在分秒间对它们的信用水平和违约风险做出比较准确的判断。再加上电商平台会参与到供应商的资金流转、品牌建设和市场营销等关键的经营活动中去，对供应商的稳定经营和快速发展起着非常重要的保障作用，供应商一般不敢对电商平台违约。所以，电商平台为供应商提供金融服务就有着很高的效率和先天的优势。

近年来，许多互联网平台都在积极地进军供应链金融领域。在 B2C 领域，京东、天猫、苏宁易购和唯品会等都通过订单融资、入库单融资、应收账款融资或委托贷款等多样化的模式向上下游企业提供金融服务。在 B2B 领域，网盛生意宝、慧聪网、敦煌网、上海钢联和找钢网等，也都在向金融化方向挺进。以找钢网为例，其 2015 年上线的"胖猫白条"就是针对优质采购商提供的"先提货，后付款"的供应链金融服务；对生产商，找钢网则开展了以库存来质押贷款的金融服务模式。

京东的各种金融"宝贝"

京东供应链金融将实体经济和金融创新有机结合,相继推出了多款产品,助力上游实体企业的健康发展。京东供应链金融的创新性产品覆盖了很多传统金融机构触达不到的群体,如小微企业和农业生产者,凭借利率和服务的优势为客户盘活、稳定供应链和提升供应链的品质,给客户最佳体验。

2013年12月,京东供应链金融推出第一款产品"京保贝"。这是一款具有互联网特点的供应链保理融资业务,包括应收账款池融资、订单池融资、单笔融资、销售融资等多种模式。京保贝的服务优势明显:门槛低,融资成本低;效率高,3分钟审批放款;客户体验好,按天计息,随借随还。目前,京保贝已服务了近2000家京东商城的供应商,它们在京东的贸易量平均增长超过了200%。

京保贝目前已经迭代到了2.0版,成为一个可适用多种供应链模式、能够将链条上的多种金融工具整合为一体的新一代供应链金融解决方案。京保贝2.0不仅可用于京东金融自己的客户,还能够实现对外部核心企业的对接,帮助外部企业建立属于自己的供应链金融能力。这标志着京东供应链金融实现了系统化的能力输出。有一家专做雀巢奶粉的供应商,每个月向雀巢的采购量不到100万元。受限于自己的可用资金,该供应商很难扩大规模。在它使用了京保贝之后,头一天供应了50万元的货,第二天就可以在京保贝里借走40万元，继续采购。"6·18"店庆月期间，该供应商每天都登录京保贝页面借钱的行为引起了供应链金融部门的关注。经调查发现，该供应商确实每天都在给京东供货，通过京保贝实现了资金的快速周转，将每月的采购量从100万元提升到了400万元。

2014年10月，"京小贷"上线。京小贷是为平台上的卖家提供的小额信贷服务。它基于高质量且真实的交易数据实现了高效的授信与风控，具有全程线上操作、三步申请、一秒到账、个性化利率、多种还款方式等优势。京小贷在业务上线后第一年就支持了近2万家中小企业的融资。目前，它已扩展到包括京东商城在内的多个电商平台，为大量中小企业提供无抵押信贷服务。

2015年9月，"动产融资"上线。动产融资是为大量中小微企业，尤其是消费品的经销商提供的新型质押类融资产品。它依赖京东积累的上亿商品的历史销售数据和外部数据，对商品进行价格评估和预测，并通过系统和模型进行自动化的风险管理，使得大量企业用消费品质押融资成为可能。动产融资还利用动态调整的技术，大大提高质押货物的流动性，不影响客户的在途销售，尤其适合B2C和B2B电商企业。随着动产融资的上线，京东供应链金融正式走出京东。

2016年5月，依托供应链金融所建立起来的企业金融服务优势，京东金融推出"企业金库"，为企业客户提供理财服务。京东企业金库活期最低1元起投、定期7天最低1万元起投。在同等起投门槛或者理财期限下,其收益与灵活度都高于大部分理财产品。用户发起赎回后,最快可实现"T+1"(指交易的第二天)回款。至此,京东金融实现了对企业客户投、融资的打通服务,整体布局更趋于完善。

在农村金融方面,京东也做出了积极的尝试。2016年4月,"京农贷"扶贫项目在河南省级贫困县扶沟、鄢陵、临颍等地成功落地,项目一期放款总额达到1200余万元,惠及400多个农户,覆盖种植面积3万多亩。到2016年底,京东在全国1500多个县、30多万个行政村开展了各类农村金融业务。

倒逼制造品质升级

立足C端助力新产品研发

传统研发的"瞎子摸象"

研发新技术或新产品是企业创新发展的重要途径,也是避免同质化的价格战、实现差异化竞争、开辟蓝海市场的常用手段。然而不幸的是,企业开发新产品的成功率并不高。美国著名的管理学教授、"现代营销学之父"菲利普·科特勒在其《营销管理》一书中提供的数据显示:消费品行业的新产品失败率约为40%,工业品的约为20%,服务业的约为18%。有部分学者认为,在一些特殊的行业，新产品的失败率甚至能达到 80% 以上，而且并未随着社会和技术的飞速发展而有所改观，大量的人力物力都付诸东流。

为什么会出现这种情况呢？科特勒教授认为导致新产品失败的主要原因有：高层管理者"孤芳自赏"，不顾一切地投入力量进行开发；对新产品的研发过程管理不善；对新产品的市场调研不够认真深入；缺乏有效的产品计划（如市场细分不够、开发预算不足、新产品定价过高）；与同类旧产品的差别太小；设计上未达到最初的研发目标；新产品制造成本太高；对新产品面临的市场竞争估计不足。还有其他的研究者也列出了一些主要的失败原因，如市场分析不恰当、成本超出预期值、投放时间不当等。

虽然不同专家学者的观点有所差异，但这些研究都透露出一个明显的信息：企业对市场的了解和把控力不足是新产品失败的主要原因。这既有对用户需求分析方面的不足，也有营销推广方面的失误，更有定价和功能规划方面的缺陷。

那么，为什么企业做不好这些工作呢？原因很简单：创新的成本高、耗时长、不好做。就需求分析来说，企业必须要对目标用户做大量的、细致的调研工作，既要有足够的深度，也需要足够的广度，在统计学上具有足够的代表性。这既是一项体力活，也是一项技术活。营销推广方面更需要做到位，在信息爆炸、消费者的注意力成为稀缺资源的今天，营销推广是一项比较费时、费力和费资源的事情。央视《新闻联播》之后的"黄金时段"竟标激烈,动辄产生数亿元的"标王"就很好地说明了企业的营销推广是多么重要和昂贵。定价和功能规划方面之所以出现偏差,显然也是企业对广大用户的需求认识不足所致。除了这些,消费者的心理诉求和文化传统也是不容忽视的重要因素。

总之,传统企业的新产品研发就如同赌博和撞大运:赌对了能赚得盆满钵溢,赌错了则可能会倾家荡产。问题是,在坎坷的发展道路上"下对注"的创新总是少数。

电商平台助力爆品孵化

在仔细分析了导致企业新产品研发失败的各种原因之后,我们发现在创新发展的过程中,企业缺乏简单、有效和低成本的手段去深刻地洞察和分析用户、去覆盖和赢得市场。传统爆款孵化的过程往往让企业花了很多冤枉钱、走了很多冤枉路,真可谓苦不堪言。为此京东推出了数据工具,开展"爆款预测",帮助企业进行爆款的孵化。

爆款预测,顾名思义,是用来帮助商家优化传统爆款打造中的"测品"这一过程的。结合商品的一系列效果数据,通过机器学习的算法对商家店铺内的商品进行智能预测,判断商品成为爆款的概率有多大,取代了传统测品中线上实测一周的流程。经调研,传统的测品过程对运营人的经验要求很高,过早开始测品,很可能会因整体市场预热不够而错失黑马。要是整个市场已经成为红海,再投入流量、广告资源也没办法占据一席之地,最佳的孵化启动期往往只有不到一周的时间。通过使用京东的爆款预测功能，可以随时查看本周店内商品的潜力值，快速决策应该对哪些商品进行"加注"。

深度洞察用户需求

在购买决策阶段，用户会查看其他用户的评价，向电商平台的客服咨询一系列问题，了解产品是否能够满足他的需求；在售后，用户会就购买、使用过程中遇到的问题向平台提交评价，向客服寻求进一步的帮助。这些信息都会以数据的形式记录下来。任何一项产品，购买的人越多，平台所积累的相关数据也就会越多，天长日久变成了所谓的大数据。借助大数据挖掘工具，我们可以把其中用户反映比较集中的问题提炼出来，形成共性需求，用于指导企业改进或研发新产品。在2014年创造了3000台电脑21分钟售罄、2015年两轮众筹超过5000万元和"双11"爆卖16000台等奇迹的"雷神"笔记本电脑就是一个典型的案例。

【案例】雷神笔记本：细分市场的爆款

雷神团队的创意灵感来自京东对数据的观察：在整个笔记本电脑市场下滑的同时，用于游戏的笔记本电脑却有明显的上升趋势。经过仔细研究，京东3C团队认为在电子娱乐长盛不衰的大背景下，"游戏本"也许是一个值得探索的细分市场，这个缺乏强势品牌的细分市场可能有着一个很好的发展机会。那么，应该从哪里起步呢？京东3C团队与海尔、清华同方和神舟电脑等几家企业进行了认真探讨。其中，来自海尔的雷神团队行动最为敏捷，他们从京东商城以及其他开放平台上收集了近3万条游戏玩家对笔记本的"吐槽"，如蓝屏、散热不好等等，从中提炼出13个共性问题。以此为基础，他们在不断与用户保持沟通、继续监测各平台用户反馈的基础上，一步步做出了"雷神游戏本"这个广受赞誉的产品。据媒体公开报道，雷神团队2015年的总销售额已超过了7亿元。

新产品的"试验田"

不管前期调研做得如何充分，新产品投放市场后用户是否买单才是最关键的问题。为此，谨慎的企业在新产品大规模投放市场前，都会用小批量产品进行市场测试，以便了解用户反应、完善产品、调整售价和优化行销策略。所以，企业需要找到一个便捷的渠道去测试用户的自然反应，并且把用户对产品的评价完整、准确地收集回来，这才是最为重要的。此时，电商平台就成为新产品最为理想的"试水"渠道。

雷神笔记本于2013年12月完成生产之后，就把500台产品放到了京东平台上进行试销，结果仅用4天就全部售完。这次市场测试给了雷神团队极大的信心。然后，他们根据用户的购买评价和售后反馈，对产品进行了更多的改造和完善，为创造后期的销售奇迹奠定了坚实的基础。

基于电商平台的众筹则创造性地把市场测试、资金筹措和市场营销整合在了一起,使揪心的市场测试变成了新颖的金融游戏,为蹒跚学步的创新创业者注入了一股强大的动力,显著地提升了他们的存活率。京东众筹已成为这个领域的佼佼者。

2014年7月1日,京东金融十大业务板块之一的京东众筹正式诞生。从成立伊始,京东众筹就将自身定位为创新孵化平台,旗下产品众筹、众创生态、千树资本、暖东公益等业务线组成了一个完整众筹众创生态体系,为创新创业企业提供了从0到1再到100的全生命周期服务。其中,众创生态集合了京东体系内外的各类优质资源,旨在全面帮扶初创企业成长,提供创业所需的各项服务;千树资本不仅能够提供资金支持,还可为被投企业及外部企业提供包含培训、服务、渠道、金融服务等定制化投后服务。

截至2017年8月,京东产品众筹累计筹资额超48亿元,共呈现超11000个创新众筹项目,其中千万级项目超过80个、百万级项目超过800个、项目成功率达到90%,京东众筹毫无疑问已成为中国最大的众筹平台。

【案例】"猫王"借助众筹实现蜕变

"猫王"是一个借助众筹模式,实现了从传统企业向创新型企业跨越的成功案例。该品牌是由中国音响界颇负盛名的曾德钧先生于2004年设计的一款收音机的品牌。但是由于多种因素的影响,该产品的销量一直很低迷,年销量仅有300

台左右。2015年6月，猫王正式登录京东商城。同年10月，猫王1、猫王3、Biggest、Bigger也陆续登录京东众筹，让这个企业保持了高热度的关注。2016年3月，"重要的东西，用心听"——原木版猫王小王子问世。在本次众筹中，京东联合猫王与Metro Radio94.5、什么值得买、豆瓣、喜马拉雅、爱家开启了联合众筹新玩法，取得IP（知识产权）跨界的成功。2016年下半年，新品猫王小王子OTR问世，以全新的"盲筹"模式登录众筹，仅三天就完成众筹目标，最终以完成项目进度680%的骄人成绩成为众筹领域印象品类风靡一时的产品。截至2017年3月，猫王从10年前的每年销量仅300台，到现在仅一年总销量突破30万台，完成了一种全新的蜕变，每月销售额可达1500万元上下。猫王用实际行动告诉我们"勤奋和坚持终究会换来收获"这个道理。

大规模营销新产品的便捷渠道

市场测试取得成功的产品自然就需要大规模铺开，在竞争对手赶上来之前尽可能多地占领市场，攫取利润。此时，企业需要寻找的是一个能够快速覆盖大市场的渠道。传统上，它们一般会考虑类似苏宁、国美或沃尔玛、家乐福这样的大卖场，或者自己业已建立的地面渠道，如格力。这些渠道虽然有很强的影响力，但在扩展速度、营业时间、覆盖半径和交易模式上仍然有局限性，已然不能满足患有严重"懒癌"的当今主流消费群体的需求。所以，电商就成为一个能够迅速覆盖全局、快速完成交易的上佳渠道，甚至是最佳渠道。所以，我们看到雷神笔记本在大规模营销的时候，就很聪明地选择了京东这样的电商平台，一次又一次地创造新的奇迹。

帮助供应商提升质量管理水平

全面质量管理的难点

企业向用户交付的虽然是产品（包括硬件、软件、服务和流程材料四大类），但目标是为了解决用户在某方面遇到的问题，比如羽绒服用于保暖、面包用于果腹等。所以，产品的质量决定了它在用户心中的价值，是企业的生命和灵魂。大量的鲜活案例告诉我们，产品质量不佳的企业是不可能长期存在的，尤其是在低端供给过剩、消费快速升级的社会大趋势下，主流用户更是失去了对低质产品的忍耐力。2008年重创我国奶粉产业的"毒奶粉事件"就是对中国制造业的一次严重警告。

产品的质量应该从用户的需求出发，以用户的满意结束。产品的质量是从多方面体现的，如外观、功能、用料、性能和安全性等等。我们必须认识到，产品的质量是企业运营的全流程、各环节共同造就的，绝不仅仅是生产或质检一个部门的事。如果不从产品的研发、设计、采购、生产、质检、仓储、运输、销售和使用的全链条进行品质管控的话，最终的产品质量就可能完全失去控制。

如果产品的用料合格、质量过硬，就能得到消费者的认可吗？显然不是，最难把握的还是有没有符合用户的真实需求。这是由于企业与用户的隔离性、用户群的分散性、用户需求的多变性和需求表达的主观性导致的。当然，许多企业在做产品的研发前也会做市场调研，但是，这些市场调研结果的真实性、客观性和代表性都值得斟酌。因为很多的市场调研都不是由企业亲自"操刀"，它们或者向分销商打听，或者发一些问卷，或者干脆委托第三方调查机构。这就出现了一个怪现象：最在乎数据准确性的人很少走到用户的跟前去直接沟通，而能够接触到用户、收集到第一手资料的人却都不真正在乎它们的质量。如此调研出来的报告，还有多少可信度呢？如果没有可信度也就罢了，问题是，这样的报告还会把企业引入歧途。

平台对全面质量管理的贡献

相对于传统企业难以连接用户，诞生于互联网的电商平台则天然地具备了与消费者的连接性、用户行为的数据化和数据的可追溯化这三个非常重要的特征。在此基础之上，作为重要甚至未来的主要产品营销渠道，电商平台对消费者真实需求的认知更为精准、及时、全面和容易。

借助先进的软件和大数据处理技术，电商平台会对每个用户在网站上的行为进行观察、记录和分析，比如：他的性别、年龄、收入水平、教育程度如何；他浏览了哪些页面；在哪个产品上停留的时间最长；把一件商品与哪些商品进行了对比，它们之间有何相同或不同；把哪些产品放进或取出了购物筐；最后购买了哪些产品；收到商品后，用户做出了怎样的评价，指出了产品哪方面的问题；等等。这实际就是"用户画像"，把本来模糊不清的用户形象用数据勾勒出来。大量的数据聚合在一起之后，电商平台就可以帮助上游的供应商针对每款产品做出详细的品质分析和改良意见，为产品的升级提供依据。

此外，作为一个信息交换平台，电商平台还可以为传统的制造商搭建起连接消费者的通道，让消费者参与到产品的研发过程中去，而不是被动地接受最终的产品，把他们变成了"产销者"。

电商平台的这些技术优势已经开始与政府质量管理部门和上游制造企业分享，与制造企业的全面质量管理、ISO9000等质量管理体系密切地结合起来，帮助它们修正产品缺陷、剔除功能冗余、提升产品质量，最终提升用户的满意度。

【案例】制定小家电标准

相比已经相当成熟稳定的大家电市场，小家电品类繁杂，市场准入门槛较低，产品品质良莠不齐，消费者很难分辨品牌和产品的优劣。即使有相应的国家标准，还是有不少品牌不严格执行或不执行，上市销售产品与送检产品不一致的现象也时有发生,这对于消费者的利益是极大的损害。正是由于无法容忍这一市场乱象对消费者权益的侵害,京东联合中国质量认证中心,通过提高小家电销售准入门槛的方式来净化市场环境,为消费者提供更为放心的购买环境。

2016年10月12日,京东联合中国质量认证中心和多家权威机构,共同发布了京东小家电准入标准和实施规则,旨在提升小家电行业准入门槛,推动行业品质升级,让消费者更加放心地买到高品质小家电产品。除了发布准入标准,京东还联合十余家权威检测中心全程参与检测,通过完整的送检、抽检机制和处罚措施,帮助京东严格把控小家电品质,为消费者打造最为放心可靠的高品质小家电购买平台,推动小家电行业的消费升级。例如,京东此次将中国RoHS(欧盟立法制定的一项强制性标准)和食品接触材料安全这两项国家不要求指定机构强制检测或认证的项目纳入了小家电准入标准,并且完善了擦地机、口腔护理等品类的安全标准要求,将国家规定的五类强制性要求和标准全部规定为需要强制符合的准入标准,并会做一致性检查。

京东联合国家权威机构提高小家电的准入门槛,将彻底淘汰那些原本依靠市场信息不透明和区域发展不平衡得以存活的山寨品牌和低质产品,推动小家电行业的品质升级,为消费者营造安全可靠、值得信赖的小家电购买渠道。

助品牌商做大做强

育成品牌困难多

成功品牌溢价高

品牌既是企业及其产品的标志，更是消费者对企业及其产品信心的体现。所以，我们会看到，两套用料和做工都差不多的西装，会因为品牌不同而出现较大的售价差异：如果一套普通的服装能卖到2000元的话，皮尔·卡丹就有可能卖到2万元甚至更高；消费者虽然搞不懂奶粉的成分到底有多大的差别，却愿意为雅培、惠氏这样的洋品牌付出国产品牌几倍到十几倍的价钱。这就是品牌溢价，它给拥有者贡献的不仅是令人瞩目的价格，还有非常可观的利润。

据全球著名的信息技术、通信行业和消费科技市场研究机构Strategy Analytics 的最新数据，2016年第三季度，全球智能手机盈利达90亿美元，其中苹果占据了约91%的份额，前五位剩下的依次为华为、vivo、OPPO和小米。

产生品牌溢价有两个主要原因：第一个原因是消费者想规避决策风险。对任何商品来说，消费者的专业知识和所掌握的信息总是匮乏的，他们无法准确地判断一件商品的真实品质。为了防止这种不确定性所带来的潜在损失，多数消费者会相信那些知名度高、信誉好的品牌商品，并愿意为此多花一些钱。第二个原因是消费者的情感追求，期望通过使用品牌知名度高的产品来展示自己与众不同的品位、修养、经济实力或独特的价值观和人生观。这是当前消费升级的主要原因和发展方向。

美梦难成真

毫无疑问，品牌溢价是所有企业都期望得到的。企业获得品牌溢价的前提是能成功地塑造起有影响力的品牌，让品牌具备支撑溢价的能力，让消费者愿意为你的品牌多掏一些钱。问题是，这样的品牌容易打造吗？显然不容易。企业必须要先做好一系列的工作，比如过硬的产品质量、鲜明的品牌形象、准确的品牌定位、持续的品牌传播、恰当的产品价格和持续的创新能力等等。这些还只是企业内部的要素，相对还有较高的可控性。影响企业品牌建设的还有外部因素，如目标用户的需求、竞争对手的策略、国家的宏观政策、媒体的舆论以及社会的发展趋势等等。对企业而言，这些要素相对就不那么好把控了。所以说，品牌建设是一个系统化的工程，涉及企业运营的方方面面，将消耗大量的人力物力，而且贯穿企业生命周期的全过程。所以，培育一个知名品牌虽然是每个企业的愿望，但实现这个目标只是少数企业的"福气"，有无数的企业倒在了攀登品牌高峰的道路上。

推陈出新保品牌

激活新品牌

一个品牌成功的重要标志之一是有广泛的社会知名度，也就是有许多用户知道这个品牌。在各种"品牌修炼术"中，"广告轰炸"和"明星代言"是最为常用、见效最快，当然也是成本最高的手段，尤其是在中央电视台播出的明星代言广告。国产服装品牌"报喜鸟"是一个典型的例子。

大量的品牌待推广，但能有效培育品牌的传统手段不够丰富导致了品牌培育成本的迅速暴涨，这从节节攀升的央视"标王"的身价可见一斑。1995 年孔府宴酒投出的 3100 万元已让业界瞠目，1997 年的秦池则豪掷 3.2 亿元，2012 年的茅台更是刷出了 4.43 亿元的纪录，2017 年虽未正式公布"标王"，但海尔、云南白药、京东等 10 家知名企业总共"砸出"了 42.09 亿元，相信标王的"高度"远在均值 4.2 亿元之上。

问题是，广告投入的规模虽呈直线上升之势，但营销和品牌的建设效率并未明显提升。因此，业界都戏传一个"成本准则"：我知道广告费浪费了一半，但我不知道是哪一半。对于新产品的推广更是如此。所以，在重压之下的企业被迫寻找新的品牌推广之道。于是，电商平台以受众可连接、浏览可量化以及效果可追溯成为品牌建设的新"利器"。

以京东为例。我们自己拥有近 3 亿个活跃的高品质用户，通过"京腾计划"连接了腾讯系约 8 亿活跃的社交用户，通过"京条计划"连接了今日头条约 1.4 亿活跃的新闻用户。这些都为京东的"IDEAL 电商营销方法论"走向数字营销 3.0 奠定了坚实的基础，通过整合营销（integrated）、数据驱动（data-driven）、品效合一（effective）、开放平台（access）、场景连接（link）等五位一体的手段为企业品牌建设提供强有力的支撑。

【案例】京东为桂格即食燕麦画像

"即食燕麦"是燕麦类目里的一个新成员，是百事旗下的国际知名品牌"桂格"借助京东大数据研发的一种加入开水即可食用的新产品，与以往需要借助牛奶来食用的传统产品有明显的区别，特别适合于生活节奏繁忙但又关注饮食营养的城市白领。在产品的研发阶段，京东大数据对产品的定位、价格和包装都提出了重要的建议；在推广阶段，京东借助站内和站外资源，对目标用户群体进行了详细的画像，实施了深度的精准营销。在此基础之上，桂格即食燕麦在京东的全球首发非常成功，两周内的复购率达到 20%。

保鲜老品牌

对于老品牌的产品，电商平台也可以利用大数据，通过细致的用户画像和分类聚合，剔除无效流量，实施精准的定向营销，或者吸引新用户，或者提升在老用户心目中的"新鲜度"，最终使企业品牌建设费用的利用率显著提升。

京东 DSP（需求方平台）是一个综合性的营销管理平台。在这个平台上，广告主可以通过同一个界面管理多个数字广告和数据交换账户，提升数字营销的效率。以京东的一个大客户为例，我们发现它买的广告流量里约 40% 是作弊流量。与京东合作之后，京东 DSP 帮它节省了 15% 的广告费，这让它非常愿意与京东保持长久的合作。这个客户 2017 年的战略就是利用京东 DSP 买流量、反作弊。

【案例】奥克斯在京东销售额 6 年猛增 40 倍

有这样一个老品牌，2017 年上半年国内销量同比暴增 154%，已经赶上 2016 年全年销量，增速是行业整体水平的两倍以上。这样的战绩如果来自一家互联网新兴企业，你可能不会惊讶，但如果是来自竞争惨烈、增长艰难的空调行业，相信不少人会刮目相看。而且这是一家涉足空调领域 20 多年的老牌企业——奥克斯，那就更令人称奇了。

早在 2010 年，奥克斯就已经开始在京东销售空调，成为最早拥抱互联网的空调厂家之一。2011 年，奥克斯总部直接给京东供货，成为最早与京东实现厂商直接合作的家电厂商。此后，奥克斯又成为首家在京东发起空调众筹的品牌，其创新产品如倾国倾城系列、明月侠系列均选择在京东首发。

奥克斯的选择在今年得到了完美验证——京东凭借着良好的品质保证和售后服务，成为中国最大的空调零售商，这标志着家电品类中最后的线下堡垒已经被电商攻破。

今年"6·18"期间，奥克斯凭借空调这个单一品类就在京东家电全品类销售中排名第四位，前三位皆为全品类综合性家电品牌。今年上半年，奥克斯在京东"奥娇大牌6月红"等8个营销节点上，8次销售额破亿元。

从2010年营收4000万元到2016年的25亿元，奥克斯在京东销售额6年猛增40倍，成为京东首家全年销量破100万套的空调品牌，2017年销售额剑指50亿元，2018年超百亿元。可以说，奥克斯几乎是与京东家电同步在成长。奥克斯从早期在传统渠道遭遇瓶颈，到转入线上渠道后的突飞猛进，由行业第五发展到前三，成为成长最快的空调品牌，跻身国内空调一线品牌阵营。

通过电商，奥克斯实现了从行业追赶者到领先者的弯道超车，京东则是其最佳助力。

助力农产品上行

农产品的滞销和疯涨

滞销！农田告急！

众所周知，我国是一个典型的农业大国，但不是农业强国。

以家庭为单位的农业生产主导模式决定了我国农业生产的低效性，更进一步拉低了广大农民的收入水平和生活品质。其中，让广大农民群众最为头疼的仍然是农产品的销售问题，屡屡让他们一年的辛勤劳作化为泡影。

在分析农产品滞销的原因时，当地的政府和协会领导都谈到了外地产品的冲击、本地产品和品牌的宣传不足、销售通道不畅、衍生品开发滞后和企业化运营不强等几个方面。事实上，这也是多年来导致全国各地多种农产品滞销的普遍原因。打开网络搜一搜，辽宁绥中县的土豆、河南宜阳的大白菜、重庆璧山的西瓜、广东徐闻的菠萝……农产品滞销求救之声满目皆是，"丰产但不丰收""增产但不增效"的怪现象屡屡在广大农村上演，粮贱伤农频率之高几乎让这个社会麻木了。

疯涨！餐桌报警！

富有戏剧性的是，包括上述滞销产品在内的各种农副产品在大中城市的售价却接连攀升，"蒜你狠""豆你玩""姜你军"等富有戏谑精神的网络用语更是体现了广大网民在面对扶摇直上的农副产品价格时的无奈。以大蒜为例，2008—2009年的大蒜收购入库价最低时每公斤只需几毛钱；经过几轮的起伏之后，到2015年7月，主产区山东金乡的大蒜收获后收购入库时的价格约为4.7元/公斤，而到2016年3月中旬曾一度达到12.8元/公斤，堪称涨幅惊人。研究农产品快速上涨的原因发现，种植规模大幅波动、生产成本上涨、天气不佳、中间商肆意炒作、物流成本高以及流通损耗大等都是重要的影响因素。

滞销与疯涨已经成为中国的田间地头和城市餐桌上长演不衰的"保留剧目"。在所有上述的种种原因里，信息不对称仍然是最根本的原因之一，因此产生了供需不平衡、种植面积大幅波动、销售渠道不畅、中间商炒作和品牌宣传不足等现象。其次是由于供应链效率低。再就是农业领域的创新发展不足，同质化严重。

面对这些问题，各地应该借助互联网做好农产品的市场研究、产业规划和结构调整，帮助农民选好种好农产品，开展错位竞争；做好当地农产品的选育、种养、收储、加工和物流的全流程质量管控工作，绝不允许有害群之马出现；借助电子商务大力发展农产品上行，做好农产品的商品化、品牌化和网货化工作，把小生产和大市场有机地衔接起来，缩短流通链条，减少流通损耗，降低流通成本；做好地域品牌和产品品牌建设工作，获取稳定的市场份额和品牌溢价。

京东版的助农与扶贫

电商助农

农产品上行是"三农"问题的关键，也是增加农民收入、消除农村贫困的有效手段。为此，京东积极推动优质农产品的电商化销售。在这方面，京东充分发挥了自营平台产销对接高效、产品质量可控和仓配物流快捷的优势，采取了三项体系化的措施。

一是深度挖掘地方特色产品，不断扩大地方特产的线上入口。积极开设特产馆、特产店，广泛地打造"一县一馆""一县一店"和"一村一品"平台；组织自营平台的专业买手直接对接地方特色产品供应商，帮助地方特产走出去，比如联手河北承德、河南光山等地开展了"蹦跶鸡""信阳毛尖"等众筹项目。

二是对接农业产业化龙头企业，强化农产品的标准化建设，打造高品质的特色农产品产业链。如与国内蛋业龙头圣迪乐村和陕西华圣果业开展产业化合作。

三是建设从田间到餐桌的冷链物流体系，打造农产品电商的基础设施，破解传统农产品流通环节多、损耗大、不上门等难题。

截至2017年6月底，京东平台上共开设了109个贫困地区特产馆，成为贫困县农产品销售的重要通道；在北京、上海和西安等10个城市建设了先进的多温层冷库，覆盖超过60个大中城市，为消费者提供生鲜农产品超1000种，自有可同时满足"深冷、冷冻、冷藏、控温"四个温层的冷藏车辆，为北京、上海和西安等26个城市的消费者提供生鲜当日上门送达服务。

【案例】京东助力农产品销售实现"龙门"跳

华朴农业公司是四川苍溪的一家国内综合实力最强、规模最大的红心猕猴桃全产业链一体化农业企业，是四川省猕猴桃标准化示范基地，其猕猴桃种植面积已扩展到2.6万亩，员工近 2000 人。

2014 年 9 月，华朴公司参加了都江堰市的国际猕猴桃节。苍溪作为红心猕猴桃的原产地，当时种植面积及国际影响力却远不如都江堰，这让华朴负责人王贵陷入了深思。从那时起，如何更有效地拓展多样化销售渠道，尤其是如何利用蓬勃发展的电商平台让苍溪猕猴桃走出大山，就一直是华朴在积极探索的课题。

自 2015 年开始，华朴即开始尝试与京东生鲜部门建立直采合作。通过生鲜冷链的对接，苍溪猕猴桃可以保证高品质、低损耗、高效配送至全国市场。2015 年 9 月中旬，苍溪县与京东合作举办了首届线上红心猕猴桃节，华朴农业承担了核心运营商的角色。在京东商城的掌上秒杀页面中，仅仅用了36 秒的时间，5000 件猕猴桃就一抢而空。北京、上海、苏州、青海……一个个来自五湖四海的订单信息被打印出来，贴在每个送往全国的包裹上。猕猴桃节期间线上独立访客达 100 余万人，总销售量接近 500 余万元。网络将苍溪猕猴桃与全国市场拉得如此之近。

2016 年 8 月底，第二届京东苍溪线上猕猴桃节如期举行，生鲜直采平台的优势得到了充分展现，猕猴桃节期间华朴在京东平台的销量实现了超过 70% 的增长。直营模式带来消费者体验的提升，华朴猕猴桃产品的好评率超过 97%，长期在同类别产品中排名第一。

2016年10月，京东苍溪特产馆上线，这个馆囊括了苍溪县各类优质、特色农产品，帮助苍溪当地更多商家将自身的优质产品通过京东平台销售。京东苍溪特产馆由华朴农业全面负责运营，也标志着华朴与京东的合作更为多元化。

2016年4月，在商务部的直接关心下，京东与陕西华圣果业达成战略合作，强强联手，从源头把控品质，对糖度、脆度进行监测，分选时对着色、果径、果形进行严格分级，不断完善标准化体系，同时，通过京东全程冷链配送对接苹果气调库，实现"211"限时新鲜送达。仅仅5个月，华圣苹果在京东的线上售卖从零起步，以月均100%以上的销售增速，月销售单量超过3万单，好评率超过98%，遥遥领先行业一般评价水平。同时，苹果收购价格较市场收购价翻了一番，直接让西部地区30万果农得到实惠。

电商扶贫

扶贫是京东勇担社会责任的重要抓手。2016年1月，京东与国务院扶贫办签署战略合作协议，在全国开展电商精准扶贫计划，通过产业扶贫、用工扶贫、创业扶贫和金融扶贫四大策略，从培训、金融、农资、追溯、物流、销售、品牌、招工八大环节进行帮扶。截至目前，京东在全国832个贫困县吸纳了近6000家合作商，上线了近300万种富有地方特色的农特产品，帮助贫困地区实现脱贫增收。

【案例】京东帮助贫困县销售滞销土鸡

贵州省东南部的剑河县是国家级贫困县。2016年初，剑河县南明镇的村民在国家精准扶贫的政策影响下，希望可以靠养殖土鸡脱贫。2016年10月，当首批数万只土鸡出栏后，当地村民却由于对销售渠道的不够了解，导致近3万只土鸡严重滞销。滞销品种主要是当地的小香鸡。这种鸡在大山放养，以吃山上的青草、蘑菇、野虫为生，肉质紧实，营养价值高。

了解到这一情况后，京东贵州扶贫馆首先跟进，48小时内快速完成贵州剑河土鸡的收购、宰杀、包装、冷冻，并迅速补齐产品的相关资质，实现产品迅速上线销售。仅一天多的时间，就卖出近3000只滞销扶贫鸡。

同时，京东生鲜事业部也迅速组织团队前往剑河县实地考察，与当地政府及时对接，并签订了包销协议，希望可以更好地帮助滞销扶贫鸡销售，解决当地农户的燃眉之急。同时，京东生鲜联合京东金融，通过京农贷等多种方式，借助过往的扶贫经验为当地农户提供更多的资金、技术支持，从而帮助农户更好地运用互联网解决更加长远、深度的产品销售问题。

第 7 章

提升和塑造新场景

马桶盖现象是中国数以亿计的中产阶层出现的标志，透过一些统计数据，可以看出消费主体呈现出一些新特征：价格不再是最敏感的要素，品质、服务、口碑和品牌对消费者购买决策的影响力日益凸显。与此同时，我们已经能够强烈感受到技术革新带来的激荡：拍照即可实现商品搜索和购物的 App，沉浸式购物体验的 AR/VR（虚拟现实/虚拟增强），支持自动结账、刷脸付款的无人超市，能够自动下单订购生鲜食品的智能冰箱……通过科技打造新消费场景，提升服务和体验，成为市场发展的必由之路。

"三超"凝练超级动能

京东"三超"即京东超级品牌日、京东超级品类日、京东超级单品日。随后，京东又首创了能够承载国家级品牌专场营销活动的"超级品牌日国家品牌盛典",目前已经举办了中国品牌盛典和加拿大好物盛典。"三超"塑造三个垂直化消费场景,秉承"客户为先"的理念,让消费者更加简单直接地享受高品质商品。在营销上,将点、线、面三个维度优势集中起来"力出一孔",帮助品牌方在京东站内站外实现品牌与销售的集中爆发,成为"双11""6·18"等标志性节点之外的促销小高潮,引来行业竞相模仿。

从2016年1月起,手机京东在移动客户端开启了首个京东超级品牌日;3月,开启超级品类日和超级单品日;7月,京东"三超"实现无线端和PC端多屏打通,汇聚京东与品牌方双重优势及战略资源,发挥京东高品质电商能力,搭建起品牌商与消费者互动的智能平台。

截至目前,京东已成功与数十家国内外知名品牌展开合作,推出不同行业及产品领域的超级品牌日、超级品类日和超级单品日,得到品牌商和消费者的广泛赞誉。京东"三超"让消费者在购买到优惠、高品质商品,满足购物需求的同时,能够尽情享受良好的购物体验和优质服务,充分体现了京东强大的电商能力。

京东超级品牌日

京东超级品牌日是京东高品质、强大电商能力的集中呈现。每月两次的京东超级品牌日结合了京东营销能力、大数据能力、运营能力和金融能力,并结合品牌自身的核心竞争力,整合线下广告、公关、网络投放、社交传播，为超级品牌日当天这一品牌提供24小时的全平台战略资源投入、强视觉曝光，实现全方位的消费者触达；基于大数据用户画像，对品牌粉丝进行精准化、个性化提纯，吸引粉丝广泛参与，深度互动，拉动品牌商在京东销售达到一个峰值，制造行业内轰动效果，加强品牌的用户认知。

截至2017年7月，京东已成功上线的超级品牌日共有17场。2017年3月2日，京东超级品牌日联想盛典开启，作为2017年京东开年大促的重磅活动，联想旗下ThinkPad、小新、拯救者、台机等各大品类明星产品齐登场，更有MOTO Z爆款领衔登场，与打印机、投影仪在内的周边产品共同出击，全面开启大促秒杀模式，给消费者带来了很多实惠和惊喜。活动上线20分钟销售额破亿元，截至当日24点，销售额突破5.5亿元。

2017年4月27日举办的京东超级品牌日苹果产品盛典，创造了自京东超级品牌日诞生以来的最高销售纪录。除了为苹果粉丝和京东用户送上福利之外，京东也不忘履行企业社会责任，将苹果赋予其产品的公益内涵和慈善爱心，通过此次京东超级品牌日，在中国传递和延续。

这次活动分为两部分："爱心捐赠"联合了京东公益、京东回收和国内知名公益组织壹基金。用户每购买一台苹果产品，京东就会捐出1元钱爱心款；同时，4月20日—27日，用户通过"京东回收"每提交并完成一台苹果产品的回收订单，京东就捐出5元爱心款。爱心款将通过京东公益与壹基金的合作，捐助给壹基金"海洋天堂计划"，帮助自闭症儿童及家庭。

此外，京东还选取了具有特殊意义的自闭症儿童绘画作品，做成了 iPhone 手机壳和 iPad 保护套等苹果产品配件，在京东平台发起义卖，所得收入将全部捐献给中国少年儿童基金会关爱自闭症儿童的"与星同行"项目。

京东超级品牌日逐渐成熟壮大，甚至已经成为一个国家品牌展示实力的平台。2017 年 6 月 6 日，京东在"6·18"全民年中购物节期间，开展了一场盛大的中国品牌盛典。此次中国品牌盛典从中国设计、中国质造、中国传承三个板块入手为消费者展现包括港、澳、台品牌在内的优秀"中国工匠"。63 个细分行业、2800 个精选品牌、4000 万件海量备货、140 万款商品……截至 6 月 6 日 24 点，京东商城百大中国品牌的下单金额同比增长超过了 200%，家电、手机、电脑、女装等品类热销，呈现出中国品牌和中国设计的影响力，中国品质正在赢得越来越多消费者的认可和信赖。

2017 年 7 月 14 日，加拿大总督戴维·约翰斯顿（David Johnston）阁下带领加拿大代表团造访京东，与京东集团董事局主席兼首席执行官刘强东携手启动"京东超级品牌日·加拿大好物盛典"，同时宣布京东生鲜加拿大馆正式上线。

当天，京东尽选加拿大好的产品，为中国消费者献上京东超级品牌日首个国际专场，参加活动的商品超过一半是原产于加拿大的生鲜产品，例如产自新斯科舍省的大龙虾、海参和三文鱼，产自魁北克省的多春鱼，产自纽芬兰省的雪蟹，产自温哥华地区的冷冻蓝莓,等等,都是此次受到消费者热捧的"爆款"商品。在全球化大趋势下,凭借零售基础设施建设方面的优势,京东像一把钥匙,为国际品牌进入中国打开了一扇"任意门"。

京东超级品类日

超级品类日每月举办 4 次,主要服务于二、三级品类,整合京东全平台战略资源,帮助更多元的二、三级品类拥有整合资源营销的机会,深度挖掘品类潜力,打造行业标杆,满足消费者的多元化、深层次、立体化的消费需求。

截至 2017 年 6 月,京东已经成功开展了 48 场超级品类日,不断联手各行业内诸多品牌,涵盖家用电器、电脑办公、数码电子、食品饮料、美妆、酒水、母婴、服饰、运动、钟表、鞋靴、家居家装、汽车、健康保健等多个领域,持续奉上优质商品和优惠价格,让消费者享受贴心、便捷的购物体验。

众所周知,每年的 9 月、10 月是装修旺季,我们在 2016 年 8 月 16 日这个档期选择家具品类的原因,在于希望在旺季来临之前抢占家具市场份额,助力家具品类提前爆发。

家具、家居行业的产品种类极其繁杂,持传统观念的消费者依赖于当地的实体店,通过门店的样品对产品的材质、大小、色泽、用途以及装修效果等诸多方面进行真实的感受和判断。

让消费者在选购的同时能看到一间间样板房,能让人有一种身临其境的感觉。为了打造消费场景,家具超级品类日将空间与风格两个最为重要的维度进行场景化营销。参考线下实体店铺的装修样板案例,在线上搭建了一套令人舒适的场景,让消费者亲身感受到优质家居用品带来的体验。这些虚拟场景设计可以有效地触发消费者的购买欲望,从而促进用户消费。

2016年8月16日,京东举办了家具超级品类日,活动开启5分钟,销售额就突破了千万元,超过了当年的"6·18"。大部分家具品牌在活动中得到了充分的曝光,销售额纷纷突破了当年"6·18"与2015年"双11"的销售额。

京东超级单品日

超级单品日精选场每月开展两次,每次从全商城精选50个细分行业的超级单品,包括新品、畅销爆品和京东独家商品等。京东基于大数据对用户需求进行分析,以单品为维度,结合各平台战略资源和精准化营销,商品销售在24小时内集中爆发,为品牌厂商及品牌店铺提供了极大的流量通道,提升了它们的关注度,为用户提供了各行业最具代表性、质优价美的商品。

超级单品日单品场每月开展一次,每次聚焦一款超级单品,基于大数据用户画像,通过各平台战略资源,进行精准化营销,商品在24小时内集中爆发,从而推动供应链升级,降低成本,为用户提供最具品质、性价比最高的商品。超级单品日单品场已成功营销了智利车厘子、奇异果、榴梿、小龙虾、美国车厘子等特色产品。作为京东首页黄金资源位置主推的项目之一,超级单品日愈来愈受到业内外的关注。

移动互联新场景

京东开普勒——合作伙伴的专属场景

2017年"6·18"的"全民"属性让人印象深刻,线上线下众多业态均参加到由京东发起的"6·18"年中购物节中。负责连接众多线上合作伙伴的京东开普勒在"6·18"期间表现同样抢眼,共帮助150家线上合作伙伴上线"6·18"主题促销,覆盖金融、资讯、电商、视频、图书、通信等十余个行业、涉及30多个细分领域,创造了十余种场景化营销方式,引入订单量同比增长12倍。

京东开普勒凭借入驻、买断、导购三种合作模式,帮助线上合作伙伴链接京东的商品流、物流、内容流、金融服务等电商基础设施服务能力。对于合作伙伴来说,京东开普勒提供的电商解决方案能够极大地增加合作伙伴的用户黏性,有力带动营销增长,实现或提升流量变现能力。对于消费者来说,京东开普勒可以让消费者无须离开应用场景跳转到手机京东移动端,依然可以体验高品质的电商购物服务,包括多场景购物入口、账户同步、品质保障、支付保障、优惠同步等,全面提升用户全品类选购、正品保真的便捷购物体验。

目前,京东开普勒的合作规模和触达用户数仍在持续、快速增长。相信更多用户很快就能够在自己习惯的移动应用场景中，享受由京东带来的高品质购物体验了。

【案例】爱奇艺与京东开普勒合作共赢

在"6·18"购物节启动前夕，爱奇艺成为首家接入京东开普勒入驻模式的移动端合作伙伴。对于双方的合作，爱奇艺电商事业部副总裁白涛表示：京东大体量的商品库极大丰富了爱奇艺商城的商品品类，满足了客户多样性的需求，提升了用户的购物体验，真正实现了边看边买的IP场景式购物。相信爱奇艺商城与京东开普勒在新模式探索、合作共赢的道路上，将会越走越远。

京腾计划——社交电商精准营销

2015年10月17日，京东与腾讯联合正式对外发布了"京腾计划"。京腾计划是京东和腾讯基于各自最强资源和产品打造的名为"品商"的创新模式生意平台。"品"是让社交媒体成为品牌建设主战场；"商"则是致力于让电子商务改变决策与购买路径。

在信息爆炸、移动社交全面渗透大众生活的新环境下，商业生态已经发生改变。而消费者已经逐渐了解、熟悉、习惯网络购物，并有高频的社交平台尤其是移动社交习惯。用户需求、购买行为、沟通互动方式呈现出个性化、碎片化、社交化的趋势。在此基础上，传统的广告营销形态已经无法满足消费者需求。同时，品牌对有效触达目标消费群体并提供更好的消费体验有强需求。而社交数据与电商数据连接在一起，不仅可以丰富社交网络的购物场景，同时也将突破电商平台单纯的"交易"的模式，让消费行为变得有趣。在这一背景下，京腾计划应运而生。

京腾计划打通京东消费数据与腾讯社交数据，实现了社交电商营销，为品牌商提供了一套有效建立品牌、提升营销效果和顾客体验的完整解决方案。

京腾计划得到了宝洁、LG、联合利华等众多500强企业，以及知名品牌SK-II、乐视手机、戴森电器、帮宝适等的肯定，使得这些企业获得数十亿级别的曝光，触达数亿用户，日化、手机等行业互动率较行业水平提升80%以上。

京腾计划的核心是从品牌传播、落地销售、粉丝互动和大数据分析四个维度形成闭环，产生各种产品，服务于商家和用户。京腾计划也是唯一一个将10亿级的高价值社交用户与近3亿高价值购买用户打通，并为品牌商提供全案营销解决方案的平台。京东与腾讯的数据也一直在增长。

京腾计划精准的目标人群定位、品牌传播与销售的连接等，都为品牌的销售转化带来了质的飞跃。京腾计划还能为用户提供完整的数据报告。京东数据可提供用户特征、行为偏好、广告偏好、购买偏好、品牌自有CRM（客户关系管理）；腾讯数据可提供人口特性、生活风格、兴趣爱好、媒体环境、使用环境、行为特性。基于双方数据可提供精准的客户洞察，实现精准营销。

京腾计划还能提供全网科学的预算分配、效果监测，各大品牌商销售转化效果突出。比如京东超级品牌日戴森盛典中，戴森公司首先通过京东大数据精准定位，然后通过京腾计划在今日头条中开展了卓有成效的精准营销，结果投资回报率达到行业平均水平的4倍，转化率是行业平均水平的7倍！

另外一场京东超级品牌日全棉时代盛典为京腾计划品效合一的效果提供了一个典型案例。在执行京腾计划后全棉时代商品关注率上升了188.07%，下单率上升了193.65%。

京东微信购物和手机QQ——移动社交购物

90后是伴随中国互联网成长的原住民，天生具有分享精神，社交网络是他们最活跃的平台。京东在中国两大移动社交软件微信和手机QQ均开有一级入口，它们已经成为消费者体验社交购物的重要场景。

京东微信购物圈是基于微信关系链的社交分享内容导购平台，也是市场上唯一打通微信关系链的UGC（用户原创内容）社区。用户可以在购物圈和微信好友交流互动，分享晒单。目前已积累2800万UGC内容，且每日新增7万个以上用户自主分享内容（核心分布在美妆、通信、饰品、家居、女装等类目），用户活跃度维持在60%以上，2017年"6·18"期间高达86%。

为了让用户在购物圈里方便快速地找到志同道合的人和心仪的高品质好货，增加购物乐趣，购物圈推出了"圈子"："妈咪圈""问搭圈""妆蜜圈""JD 摄影圈""京东车友圈",各圈子上线一个月,关注圈子的用户数已快速突破 50 万,圈子活跃度高达 60%。

除了为各兴趣人群提供交流分享的小平台,圈子还有各种丰富的活动玩法,如话题 PK、投票、问答、大咖直播等等;用户可以通过分享内容,参与活动,在圈子聚集粉丝,逐步扩大自身影响力。目前圈子已经吸引了近百位机构媒体及明星大咖网红入驻,圈子本身的达人群体也在逐步成长起来。

京东 JD.COM 服务号,粉丝数过亿,是粉丝量最大的微信公众号,也是电商服务号的超级航母。通过与腾讯微信的技术合作,我们把之前千篇一律强硬推送内容的方式,改为定向精准人群推送个性化内容。根据用户的微信使用习惯、阅读习惯,结合用户偏好、习惯、近期需求提供推荐服务,为用户推送他们感兴趣的内容,通过算法组合,单期推送活动数可达上百个。通过人工智能的方式推送,避免了无效信息对用户的骚扰,用户接受的都是有价值的信息,明显提升了推送效果:对比点击率及流量提升48.3%,下单成交提升 81.6%。

挑礼物频道是京东微信购物为用户打造的娱乐化、内容化、互动化的"微信实物送礼"新体验的社交送礼阵地,也是一次全新的品牌/品类特色营销模式,结合热点营销、IP 合作,满足 80后、90 后年轻人互动社交需求。该频道是基于京东现有的海量商品库、优质的精准物流服务,为用户提供"送爸爸""送妈妈""送朋友"等诸多好货送礼攻略清单，让用户更快捷挑中心仪的商品。用户可导入好友、父母生日记录，由京东服务大账号及时提醒推荐礼物，在完成购买后，可进入"在线心意卡制作"，选择创意模板或 DIY 文字/照片，也可录制你的语音祝福，表达心意，通过微信 H5 将礼物及心意送达，收礼人收到礼物后，可选择在栏目创意广场上晒出对方心意，让众人围观点赞。

"京 x 计划"——构建移动互联网智能商业体

2016 年 9 月 27 日，京东与今日头条达成全面战略合作协议，共同推出"京条计划"。基于这个计划，今日头条用户将在阅读场景中直接享受京东提供的高品质电商服务，而京东则在微信购物和手机 QQ 购物之后，再次获得了移动互联网上的超级流量入口。京条计划"主要涵盖三个方面：一是京东将在今日头条上开设一级购物入口"京东特卖"；二是今日头条将依托个性化的数据推荐能力帮助京东和京东平台上的商家实现精准的广告投放；三是双方将共同开展基于兴趣阅读的电商合作，通过导购、分佣等模式，帮助更多的头条号变现。"京条计划"是两家企业全面开放核心能力，进行商业价值融合的一次合作。

2017 年 8 月 10 日，京东与百度达成全面战略合作协议，推出"京度计划"。这次合作主要包括三个方面：一是京东在手机百度的 App 内开设一级购物入口"京东特供"；二是百度庞大的产品矩阵和用户群所产生的数据池，与京东的电商数据深度合作，帮助京东、京东的品牌合作伙伴、京东平台上的商家实现精准广告投放；三是通过导购、分佣等模式展开内容电商合作，提升内容变现能力。"京度计划"是京东自"京腾计划"之后又一次携手中国互联网行业巨头，再次获得顶级流量入口加持。"京度计划"是一个打通了覆盖百度全产品矩阵用户和近3亿高价值活跃电商用户数据的高效电商营销解决方案。

2017年8月24日，京东与奇虎360达成全面战略合作协议，推出"京奇计划"。通过"京奇计划"，京东和奇虎360将共同打造赋能商家的全场景智能营销平台，并为消费者提供更符合其喜好和需求的消费资讯以及良好的网购体验。360手机卫士App为京东开设了一级购物入口"京东特供"；双方数据打通，京东近3亿电商用户的数据加上360覆盖线上线下的全场景用户行为链大数据，为京东、京东的品牌合作伙伴、京东平台上的商家实现更精准的广告投放；同时，京东将京东号的内容输出到360众媒平台，在360手机卫士App、360浏览器、360手机助手等渠道里通过智能分发的内容营销方式，提升京东号作者的内容变现能力。

至此，京东已经与四家知名的中国大型互联网公司——腾讯、今日头条、百度、奇虎360达成全面战略合作。多个超级流量入口的开通，以及合作双方大数据的深度合作，带来的是巨大的商业价值和用户价值。一方面，在打通数据壁垒后，能够为品牌和商家提供一套触达用户、精准营销和品牌传播的全套解决方案，极大提升营销效率、节约流量成本；另一方面，电商与社交、搜索、资讯等场景打通，突破电商平台的传统购物流程，让消费需求的产生更加自然、消费过程的体验更加便捷，创造了多维场景内的无缝购物体验。这也意味着，在微信、搜索、新闻、贴吧、视频、手机浏览器、手机助手等众多场景或渠道里，都可以看到满足特定用户需求、与京东相关的高质量消费资讯，并且实现了用户随时随处下单购买。

由此，通过京东+合作伙伴的"京x计划"模式，京东已经实现了将自身完善的、系统化的零售基础设施开放给众多合作伙伴，让双方已有资源进行深度整合互通，打破平台、场景、应用乃至线上线下的界限，让互联网零售以更多元的形式延伸到越来越多的角落，覆盖难以计数的移动互联网用户。

智能消费的未来

从"物的消费"到"场景消费"

消费分为"物的消费"和"场景消费"两类。其中，物的消费是指主要注重商品的物理属性的消费行为，场景消费则在物的消费之外增加了精神层面的需求。比如，男士在出席重要会议时要着正装，女士在出席晚会时要穿晚礼服等，都是为了使自己的衣着符合所处的环境，赢得更多的认可与尊重。

显然，场景消费是物的消费向品质化方向发展的一种高级形态，需要更高的经济收入、更丰富的物质、更先进的设施和技术做支撑。所以，从宏观上看，场景消费是经济发展、社会进步和消费升级的结果。反过来，场景消费一旦成为习惯，有了规模效应，又会促进经济和社会的进一步发展，拉动物的消费，形成一个良性的闭合循环，甚至会延长消费链条，产生关联消费。所以，场景消费是品质经济的一种重要的表现形式，也是社会消费重要的发展趋势，非常值得广大企业给予更多的重视和探索。

技术催生新场景

品质消费为企业的发展提供了令人惊喜的新"蓝海"。互联网、电子商务、可穿戴设备、AR/VR、基因工程和航空航天等许多新技术也为新消费场景的大规模出现提供了技术支撑，为商业文明的变迁提供了广阔的想象空间，甚至超出了我们的想象力。在此，我们以网络购物、可穿戴设备和AR/VR这三个新技术为例略微加以讨论。

网络购物

麦肯锡曾做过研究，发现中国网购总额中的61%转移自线下，39%是新增消费。截至2016年底，我国的网民总数已经突破7.31亿人，占总人口的比例为56.2%；手机支付用户规模已达4.69亿人，年增长率为31.2%。手机支付向线下支付领域的快速渗透极大地丰富了支付场景，有50.3%的网民在线下实体店购物时使用过手机支付。这些数据都有力地说明，作为新兴的消费场景，网络购物将在社会经济的发展中占有越来越重要的地位。而社交化购物、移动购物和碎片化购物则成为网络购物的新趋势。如何有效地构建和利用恰当的场景，让消费者在社交活动和移动过程中用碎片时间完成消费，是值得每个商家仔细考虑的新课题。

可穿戴设备——"体感化"的健康消费

可穿戴设备围绕人们的健康管理创造了新的消费场景和商业机会。一直以来，人体及其健康状况犹如"黑匣子"，我们无法直观地看到人体发生的细微变化，直到出现了严重的病变，不得不到医疗机构通过昂贵的仪器进行检测。现在，可穿戴设备则打开了一个便利的观察人体的窗口：通过持续监测身体的某些关键数据，再借助医疗保健行业既往积累的大数据进行对比和分析，系统就可以对我们的健康状况做出预测和判断。而后，医疗健康机构就可以提供一系列建议，如加强锻炼、改变饮食结构、改变生活和工作环境或服用一些药物等等。类似京东商城这样的购物平台上相关食品、药品和物品的链接就会通过手机上的健康软件展示给消费者，便于他们立刻下单。对消费者来说，可穿戴设备、手机、健康软件和电商平台构建起了新的消费场景；对企业来说，它们创造了新的"蓝海"，可以为企业带来可观的利润。

VR/AR 购物——找回遗失的触感

借助 VR/AR 技术，我们感知、认识世界的手段发生了很大的变化，这是培育新消费场景的又一个温床。在教育培训领域，VR/AR 可以让我们轻松地看到人体的内部结构、化学反应的微妙过程和星系的运转方式；在生产制造领域，我们可以在 VR/AR 和智能制造系统的帮助下，直观地看到每个零部件的润滑和磨损情况，及时更换潜在的故障零件；在出行时，VR/AR 与智慧交通系统连接，可以让驾驶人员或自动驾驶系统提前看到转弯处的行人及障碍物，避免发生交通事故；在影音和游戏等娱乐领域，VR/AR 因为能创造身临其境的逼真效果而成为目前最受推崇的应用领域。当然，VR/AR 技术也被用于网上购物，找回消费者曾经熟悉的、依然重视的、在网购过程中遗失的触感。

2016 年是 VR 元年，无论是国内还是国外企业纷纷开始在 VR/AR 领域进行布局。京东 AIVRAR 实验室很早就开始布局，从 2016 年 4 月份实验室的成立到 9 月份举办 VRDay 对行业首次发声，再到"双 11"前 JD Dream 的上线发布，关于虚拟现实技术，京东一直在路上。

2016 年 9 月 6 日 VRDay，京东发布了 VR/AR 战略，同时展示了自主研发的 VR 购物应用——"VR 购物星系"。该应用场景聚焦在 3C、家电等领域，率先开放了 VR 虚拟现实消费电子卖场。用户戴上 VR 眼镜后能够在这个卖场中体验到线下购物的真实感，通过 VR 设备的控制器可以拿起选中的商品，360 度地查看；用户更能体验到线下购物也无法提供的丰富信息，例如他们可以探查产品内部的结构，详细了解产品的功能特性，同时，用户还可以在场景内进行互动，例如在 3C 场馆中打开音乐、播放视频等。"双 11"前，VR 购物应用已基于三星手机打通购物环节，用户可以在虚拟场景中挑选商品、加入购物车并完成支付。VR 购物应用在"双 11"期间也被 CCTV2、北京卫视等各大媒体进行了报道，实验室目前正在打造 3C 智能购物场景、家居家装虚拟场景、美妆场景等不同的 VR 虚拟购物场景。

京东 AIVRAR 实验室另外一项"黑科技"——JD Dream 是国内首个基于 Tango 技术的 AR 购物应用。家庭装修或置办家具时，消费者通过 JD Dream 可体验虚拟和实景的融合，在用户选择的空间内让商品虚拟成像，立体地出现在空间内，并可通过手势操作在屏幕上移动商品，改变商品朝向，缩放商品大小，真实感受商品与空间的切合度，把家具物品"摆放"到家中。JD Dream 强调复原人类的视觉功能，将 1∶1 的家具物品和真实世界融为一体，极大促进了人类视觉感受和想象力空间的融合。JD Dream 已经打通了与京东商城的数据通道，消费者可通过京东账号来体验虚拟购物，并完成下单支付等环节。

数据服务机构 TalkingData 于 2016 年底发布的《2016 年 VR/AR 行业热点分析》预测，全球 VR/AR 5 年后的产业规模将达千亿美元。这吸引着包括谷歌、微软和三星等一大批科技业巨头纷纷巨资入局。VR/AR 的前景可期。

内容联动场景购物

如果你在电脑上通过腾讯视频追热播电视剧《如果蜗牛有爱情》，那么在观看的同时你会发现，画面一旁出现了剧中人物的"明星同款"图片，而点击图片即可查看商品详情，或将商品放入购物车。完成下单后，你就可以坐等京东将商品送货上门了。这个就是内容联动场景购物。在腾讯视频的"边看边买"功能中，"买"的部分是通过京东开普勒实现的。

热门电影、电视剧会带动相关旅游、服装、化妆品、首饰等消费。比如说《指环王》，播出后，其拍摄地新西兰皇后镇、瓦卡蒂普湖和库克山等地迅速成了世界各地游客到访新西兰时热衷参观的景点，为这个国家带来了源源不断的经济收入。在热播剧《三生三世十里桃花》的带动下，国内春季赏桃花路线游客增长了5倍；穿越剧《步步惊心》中的定情物玉手镯、玉坠、宝石戒指等，都成了网友追捧的"信物"。

2017 年春夏之交电视剧《人民的名义》走红，剧中人物的用品也火了，同款男装、杯子、西装、耳钉等都成了网店爆款商品，剧中人物李达康同款玻璃水杯更是成了热门商品。

京东内容营销平台

网购消费者做出购买判断的另外一个重要依据是用户口碑，

基于商品本身，京东问答是区别于官方客服的新售前售后互动体系。

传统商品客服由官方培训，虽然在商品功能信息上的了解度颇高，但由于绝大部分客服未使用过商品本身，用户在使用体验上产生的疑问述之无门，仍然存在着信息死角。京东问答不仅仅是未买用户与已购用户之间更具效率的沟通路径，更重要的是在商品使用及商品信息的可信度方面，体现了独特的信息价值，辅助用户做出购买决策。

此外，京东通过一系列的互动功能，如点赞、评论、打赏等操作，为用户之间建立了社交联系。选购同一种产品某种程度上代表了一致的价值观，是对自我的认同，满足找到同类的心理需求，产品在此时不仅仅是一个物品，更是连接志同道合人群的媒介。小米手机SKU下面集结米粉，华为手机SKU下集结花粉，母婴用户下集结妈妈团，分享各自的育儿经验。京东问答在推出的3个月内，已经迅速覆盖80%的商品，每天产生20万条以上的用户互动。

除此之外，京东的问答栏目会邀请行业大咖、极客发烧友、品牌设计师嘉宾等，从产品或流行趋势出发，解决用户的常见问题，制造热点话题。对品牌而言，提升了品牌魅力；对达人、行业大咖而言，也积累了自身影响力。

京东内容团队为2017年"6·18"特别定制大型问答类主题活动，特邀罗永浩、赵泓、李楠等百余名行业大咖及品牌嘉宾，横跨六大事业部，紧贴用户痛点与营销需求，深入浅出地讲解产品知识及"6·18"购物指南，成为"6·18"期间的热点话题之一。

场景创造关联消费

既然称为"场景"，就意味着不只消费一项产品。比如，吃饭时我们会想，如果有饭后甜点或水果就更惬意了。只要条件允许，上述的联想就会实现。这就使得消费类目从原计划的饭菜扩展到了饮料、甜点和水果，这就是关联消费。关联消费还有更大的扩展范围：时间充裕的人在饭后可能会看一场电影，或逛逛商店，买几件衣服、畅销书或装饰品。所以，现在许多大商场都掀起了从单纯的零售向"餐饮＋休闲＋零售"转型的大潮。

在什么场景下会发生关联消费呢？

增加消费者对消费活动的满意度，或延长满足感的持续时间，就有可能引发关联消费。在上面所讲的案例中，饮料、甜点和水果都是因为增加了用餐的满意度而被消费，看电影、购物则因为延长了用餐满足感的持续时间而发生。

群体意识影响个体行为。比如，一次聚会中的多数妈妈都认为深海鳕鱼有助于她们的宝宝成长，一个从未考虑过给孩子吃鳕鱼的妈妈就有可能产生尝试一下的冲动，她会咨询鳕鱼的吃法、品牌、购买渠道和价格等信息。所以，京东商城非常重视老用户的评价、晒图和提问，把它们整理好，提供给消费者参考，对后续消费者的购买产生了非常大的促进作用。

功能匮乏也会引起关联消费。比如，消费者购买了一款手机之后，有很大可能要买一个手机壳，因为手机一般都不抗摔；一个重视拍照功能的智能手机用户，极有可能需要购买一块移动硬盘，因为他的照片需要备份保存。

电商创造的高品质商品聚集的购物场景就是频道。众所周知，无线时代初期，用户在手机端的使用时间极度碎片化，京东逐渐探索出频道这一前台形态，尝试通过固化的入口及持续迭代的内部形态，提供面向京东用户核心诉求的一揽子解决方案，缩短用户购物路径，并为 App 达成引流、黏性等不同业务目的。其中缩短用户获取所需商品、服务和信息的路径，可谓是频道最本质的价值。

京东 PLUS 会员

针对消费者日益高涨的高品质商品与服务消费需求，京东推出了国内电商首个付费会员体系：京东 PLUS 会员。

京东 PLUS 会员于 2016 年 3 月 24 日正式上线，面向京东个人用户开放。目前已有千万京东用户体验 PLUS 会员服务。我们不断扩展完善 PLUS 会员权益服务，扩充线上线下消费场景，以丰富营销活动及高品质商品满足京东优质会员的购物需求，同时在用户体验上针对 PLUS 会员页面进行优化，突出营销活动、精选频道、秒杀、尊享大牌、生活特权等维度的展现及玩法，以培养会员多元化的消费习惯。

业界有个说法，互联网品牌获得用户容易，获取粉丝不易。京东数据显示，PLUS 会员中忠诚型用户占比超高，比全站平均水平高近 3 倍。同时，京东平台上的钻石会员比例超过一半，如果加上金牌会员，占比则超过 80%。无疑，PLUS 会员是京东用户中忠诚度最高、消费能力最强的铁杆粉丝。PLUS 会员高度认可京东，并自带口碑传播功能，他们对于京东而言，无疑比金子更可贵。从职业分布看，白领和教师人群比例非常突出，比全站平均高出 80%。

PLUS 会员主要集中在一二线城市，其中白领用户占比 43%，PLUS 会员中 80 后和 90 后人群占比也明显高过其他年龄段。对于电商来讲，这两个人群，也是消费意愿和消费潜力最强的黄金用户群。

通常，人们印象中愿意额外付费的人群应该对价格不敏感。但京东数据分析结果出人意料，PLUS 会员中对促销重度敏感的人群占比高出全站平均水平近一倍。这说明 PLUS 会员舍得消费，也更擅长精明地消费。根据近一年 PLUS 会员的消费情况，京东统计出通过相关会员权益及福利，PLUS 会员一年节省下来的平均花费为 656 元，约合年费的 4.4 倍。

金融助力消费升级

和上游的供应商类似，下游的消费者也需要金融服务。供应商缺乏资金，就很难做好技术和产品的创新，消费者缺乏资金，消费能力就会受到抑制。立足于供应链中间的关键一环，为两端的合作伙伴提供必要的金融服务，营造健康的流通生态成为京东未来最为重要的发展战略之一。在此我们重点介绍一下京东的消费金融是如何助力消费升级的。

金融服务需要速度

与传统金融机构显著不同的是，电商平台发放个人贷款的速度堪称"神速"。从用户在各平台上提交完申请开始到放款，差不多在几分钟到几十分钟内即可完成，远低于银行的1~15个工作日，而且不需要提供抵押物和担保人。以尚处于起步阶段的京东金条为例，在用户的借款申请成功提交之后，如果资料审核没有问题，所借资金一般会在30分钟内到达用户指定的银行账户，中间不需要人工干预。在这项业务转向正轨之后，京东金条的借贷时间还将有一个明显的缩短。

为什么电商平台针对个人的信贷服务做得如此"胆大"，用户体验能够做到这么好呢？是因为电商平台普遍借助了互联网、云计算和大数据等先进技术，利用自己所积累的个人交易数据、行为数据、信用数据等数据对用户的信用风险进行了快速的评估，几分钟之内就可完成。这些工作在传统的金融机构可能需要数个工作日才能完成，成本和耗时都非常高。这也是为什么在互联网金融出现之前，传统金融机构对个人信贷业务多年没有改进的重要原因。

京东的消费金融实践

电商平台的这些支持消费金融发展的举措得到了广大消费者的认可，尤其是得到了 80 后、90 后和 00 后们的支持。

京东消费金融的产品

2013 年 9 月，京东开始筹建金融集团，第二年 2 月推出了业界首款"先消费后付款"的产品京东白条，京东金融这艘"巨轮"正式起航。截至目前，京东金融已经上线的消费类金融产品包括白条、金条、白条联名卡、京东钢镚、小白信用、小白信用联名卡白条闪付等多个产品。

以京东白条为例。用户使用京东白条在京东商城购买商品时，可以在购物后 30 天内，或最长分 24 期完成付款。除了可以在京东网站上购物之外，京东白条已经社会化，可以在北京燕莎商城、北京庄胜崇光百货、北京地区京客隆超市（不含便利店）、太原燕莎商城等地使用。再如，驾校白条可以代替消费者支付学车费用，目前已经开展合作的商户包括公交驾校、东方时尚、58 学车、猪兼强等，支持的地区包括北京、杭州、长沙、昆明、厦门、广州和宁波等地。

京东消费金融的成绩

京东的消费金融产品推出之后，受到了广大消费者的热烈欢迎。仍然以京东白条为例。该产品的主要用户群是一大批中等以上收入的优质消费者。其中，50%以上的用户的月收入超过了5000元，月收入在5000~8000元的用户占比接近30%；1980年后出生的占比85%，1990年后出生的占比超过50%。从学历的分布来看，大学本/专科用户和研究生占比合计超过了89%。这个消费群体已经率先进入了消费升级的上升通道，正在逐步显现出强劲的购买力。京东数据显示，2015年底的白条订单总量较年初增长了约6倍。其中，仅北京地区的白条用户使用分期消费模式以后，月消费金额同比提升了97%，全年累计透支消费30亿元，估计带来了超过10亿元的消费增量。2016年"双11"期间，京东平台上打白条的用户的平均客单价提升了135%，京东白条对于消费的拉动效果非常明显。

京东消费金融还积极地与金融机构合作，积极拓展线下支付，已经初步取得可喜的成绩。如2016年9月推出的白条闪付与银行合作，通过银联云闪付技术，让白条覆盖了线下800多万家商户，可在1900多万台银联闪付POS机上实现打白条消费，增加了消费金融市场的服务形态，提升了消费者线下消费的效率和品质。

【案例】京东白条助力房产装修

买房装修是人生大事，京东白条同样可提供让人惊喜的便利。目前，数十家线下大型家装服务商和线上 B2C 装修消费平台都能打白条分期，比如，在百安居，无论是购买建材，还是装修设计等，都能用白条分期，满足装修各个环节的消费需求。在额度上，用于装修的白条贷款额度最高可达 50 万元，享有最长 36 期分期的优惠；一些家装卖场购买建材的白条额度最高可达 10 万元，享有 30 天免息期，最长可 12 期分期。

  拒绝喧嚣与雷同的消费理念，让白条成为时下年轻人最具个性、时尚的信用支付方式。同时，白条的一系列衍生服务也为追求自我价值的年轻人提供了新的生活思路。

第 8 章

砥砺前行，品质强国

在当前消费升级的大趋势下,品质消费已经成为不可阻挡的潮流,成为一股越来越强大的力量,生产商要么被提升、要么被淘汰。在国人抢购海外产品的大潮中,我国的制造业却颇显尴尬,"马太效应"似乎又要在这一轮对决中再次应验。由此,以品质为纲来重构生产制造和商品流通就成为不可逆转的趋势,品质制造、品质流通和品质消费这个铁三角将会成为未来社会经济发展的新范式。

如果我们能够把以互联网为代表的新经济和以生产制造为代表的传统经济有机地整合在一起,就有希望形成合力,并肩突围。参与供给侧改革,大幅提高供给品质,建立起强大且稳定的品质经济,就是解决上述难题的可行之道,进而在宏观层面上以品质经济推动中国实现大国崛起和民族复兴的梦想。

大国崛起的背后

欧美日等发达国家和地区的经验告诉我们：强国崛起的基础是经济，经济的实力来自一批繁荣的优势产业，而优势产业则需要一大批有竞争力的企业做支撑，企业的竞争力则需要用品牌来说话，品牌的树立则需要品质做支撑。这是强国得以崛起并维系其"江湖"地位的逻辑。

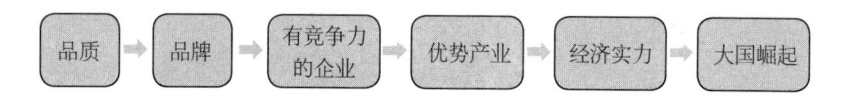

品质 → 品牌 → 有竞争力的企业 → 优势产业 → 经济实力 → 大国崛起

低端制造不仅会导致"雾霾围城"的环境恶果，还有可能会导致制造业的没落，陷入"微笑曲线"的低谷。因为没有打响自己的品牌，我国90%的出口纺织品是OEM（代工生产）产品；曾经有高达90%的国内家电企业也都为外国品牌做OEM。这些为数众多的企业在国际分工中正是处于"微笑曲线"的最底端，默默替他人做"嫁衣"，而技术含量和附加值较高的研发、品牌销售渠道等高端环节，则被发达国家的跨国公司所把持。

2016年，国际品牌咨询公司Interbrand发布了2016年全球最具价值品牌100强排行榜，前三甲分别为苹果、谷歌和可口可乐，中国上榜品牌仅有华为和联想。缺乏有竞争力的品牌和企业，中国经济的持续竞争力堪忧。大国崛起需要品牌化制造业的崛起，否则一切都是浮云。

"中国品质"的"江湖地位"

中国已经成为制造业大国，中国已经是世界上第二大经济体，中国的工业产值全球第一。但是，我们也必须清醒地认识到，由于沉重的历史包袱，"中国制造"在全球"品质江湖"中的地位还非常不明显。制造业的强弱（不是规模大小）代表了产品品质和竞争力的优劣，反之亦然。

2015年11月，在全国政协十二届常委会第十三次会议上，工信部部长苗圩对《中国制造2025》进行全面解读时表示：自18世纪中叶开启工业文明以来，世界强国的兴衰史和中华民族的奋斗史一再证明，没有强大的制造业，就没有强盛的国家和民族；制造业是国民经济的主体，是立国之本、兴国之器、强国之基；在全球制造业的四级梯队中，中国尚处于第三梯队，而且这种格局在短时间内难有根本性的改变；中国要成为制造强国，至少需要再努力30年。

全球制造业已基本形成四个梯队的发展格局：

第一梯队是以美国为主导的全球科技创新中心；第二梯队是高端制造领域，包括欧盟、日本；第三梯队是中低端制造领域，主要是一些新兴国家和经济体，其中就包括中国；第四梯队主要是资源输出国，主要包括OPEC（石油输出国组织）、非洲和拉美等国。

从上述的梯队层次可以看出，决定着中国产品竞争力的中国制造业所处的形势不容乐观。谈到知名企业或知名品牌，我们能列出一大堆占据行业高端的海外品牌，如美国的微软和英特尔、英国的罗尔斯－罗伊斯航空发动机、德国的机床、法国的香水和日本的佳能相机等等，但很少能听到中国企业或品牌的名字。所以，大力发展制造业，提振中国制造的品质仍是当务之急。在中国经济下行压力不断加大的今天，许多人为服务业超越制造业成为我国国民经济第二大产业而欢呼，甚至断言中国可以逾越工业化的发展阶段直接进入以服务业为主导的新经济时代。但苗圩部长认为这其实是一种非常脱离实际的想法。

反思过去的增长路径

在经济发展过程中，GDP 的总量就是一个数字，这个数字是在假设商品品质都是好的，那么高速增长才是有意义的。实际上，如果商品和服务的品质打了折扣，那么发展速度的含金量也要打折扣。

改革开放近 40 年，中国制造业迅猛发展，全世界几乎一半的商品都打着"中国制造"的标签，在 IT 和家电等知识产权得到充分保护的行业，中国的品牌全线胜出，涌现出了像联想、格力、华为等优秀民族品牌。但在服装服饰行业，在世界上具有广泛影响力的中国品牌还很少。

改革开放近 40 年，中国的广大企业为维持生存，只能依靠扩大规模、降低成本。这样还没完，许多这样的企业最后陷入了竞相压价、低价竞争的恶性循环。市场上杀出很多赢家，在这些

"英雄"里头，有非常好的，但是也有不好的。如果这些"英雄"对提升中国品质起的是负面作用，那么他们只能被称为"带病毒的英雄"。

改革开放近40年，我们习惯了高速增长，现在这个打法无以为继，继续走以量取胜的道路已经没有出路。所以，经济的下行逼迫我们品质升级，发展"中国品质"。这么多的过剩产能，面临调整的压力是非常巨大的，要解决这个问题，最终还是需要品质化、品牌化的制造业做支撑。

企业家的共识有待形成

在2016年12月25日央视《对话》栏目一期主题为"聚焦实体经济"的节目上，三位受邀参加的企业家宗庆后、董明珠、李东生不约而同地选择了"虚拟经济过火"选项，将之视为中国实业增长乏力的三大主因之一。李东生和董明珠同时还选择了"新商业模式冲击"选项。

一时间，一场关于新旧经济的辩论在业内开展得轰轰烈烈。由此看出新旧经济的代表性企业家之间远没有形成共识。在全球竞争日趋激烈、西方"科技列强"把控创新高端、我国环境和资源压力不断加大的大背景下，如何摆脱陈旧观念、实现创新发展就成为摆在大家面前的一道难题。我们的观点是：互联网和制造业不应该对立和相互猜忌，而应该形成合力。"包容合作，勇于创新"是企业家精神的重要内容。新经济阵营的企业家绝对不能轻视制造业的老前辈们，因为他们所熟悉的正是新经济企业家们所不擅长的。他们多年沉浸于自己的专业领域，对相关的细枝末节熟稔于胸、了如指掌，是为新经济建设高效供应链和产业链的重要保证。同样，老前辈们也不能无视新经济企业家的价值，正是他们突破了传统思维的束缚，在很多领域用新思维和新技术改造了旧的、落后的商业模式和生产方式，为传统经济实现蜕变式、跳跃式的转型升级提供了可能。

京东的认知

京东在十几年的发展历程中，用一颗"坚持正品"的初心砥砺奋进，无意间契合了越来越强劲的时代脉动，为建设品质强国贡献出了一点微薄的力量。

品质、品牌、品商

经济增速放缓之时正是中国品牌崛起之际，以消费驱动的中国经济呼唤品牌的成长，"品质、品牌、品商"正在成为经济发展的新动力，也将构建互联网时代的"新秩序"。中国经济和电商未来的出路唯有走品质化、品牌化的道路。

为了让消费者能买到质量有保障的品牌商品，京东还倡导所有入驻京东的商品，要有自己的品牌文化、品牌设计、品牌的价值主张。源于京东对品质的要求，越来越多的优秀品牌纷纷加入京东平台，举例来说，CK、安德玛（UA）、纽巴伦（New Balance）、李维斯、阿玛尼、施华洛世奇、酩悦·轩尼诗 – 路易·威登集团旗下顶级钟表品牌真力时、意大利著名家具品牌Kartell、洗护界"爱马仕"馥绿德雅、丝芙兰等大量国际知名品牌已入驻京东；2015年，京东不仅成为国内名酒茅台、五粮液、洋河线上线下中国最大的零售商，同时成为拉菲集团在中国大陆的最大零售商；华为、小米、联想等众多国内外优质品牌在京东创下了全新的销售纪录；京东家电成为LG洗衣机、奥克斯空调、亚都空气净化器、飞利浦电视等品牌的最大销售渠道，还实现了德国家电奢侈品品牌美诺（Miele）全球首次在线直营。2017年，京东成为全球领先的时尚精品购物平台Farfetch的最大股东之一，创建全国奢侈品网购首选平台，携手拥抱800亿美元的奢侈品市场巨大机遇。此外，京东一直致力于打造阳光、高效、低成本的技术驱动型供应链管理服务平台，为政府、企事业单位提供定制化采购解决方案，在企业级市场份额超过45%，拥有超过600万活跃客户。

为了让更多的优质品牌商在移动社交大行其道的时代获得年轻消费群体的关注，京东与腾讯联合推出京腾计划，联手打造全球独有的社交电商新模式，为品牌商提供了一套有效建立品牌、提升营销效果和顾客体验的完整解决方案，为广大的品牌商家打造移动社交趋势下"品效合一"的定制化专属服务，助力商家进行"互联网+"的转型，共同推动商家的品牌发展，为消费者提供品质和品牌完美融合的商品。

京东的管理层有一个共识：中国是全球人口最多的国家，必定有机会涌现大批优质的消费品牌，今天国人已经有能力去提升消费的品质，更多中国品牌的崛起将把中国制造业打造成品牌高地，品牌的供应链也将更有竞争力。而京东作为专注于以互联网手段提升供应链效率、变革零售业发展模式的企业，也愿意在"互联网＋"的创新变革大潮中贡献力量。

"虚实"必须携手

随着技术的进步，虚实的界限已经越来越模糊。回到10年前，京东所从事的电子商务曾经是板上钉钉的"虚拟经济"。而现在，消费者在网上下单之后，很快就会收到所购的商品，连门都不用出。从过程来看，他发出的只是一些指令，虚而无形；从结果来看，他得到的却是实实在在的商品，跟亲自去超市买回来的没有区别。所以，虚实融合才是大势所趋。所谓的"虚拟经济"赖以生存的互联网、移动互联网、物联网、大数据、云计算、人工智能、VR/AR等技术早晚都得走进传统制造业，与它们的研发、设计、生产、仓储、销售和服务等活动融为一体，与它们的员工、设备和材料融为一体，为它们与上下游的合作伙伴搭建起基于API（应用程序接口）的沟通桥梁，实现毫秒级的网络化的协同。

人工智能已经步入快车道，随着技术越来越成熟、应用越来越广泛，未来对电子商务的拉动作用也不容小觑，将成为电商变革的重要助推力。人工智能对电子商务的一个重要价值，就是"镜像"消费者喜好。简单来说，人工智能的相关技术就像是一面镜子，对于海量消费者的喜好、反馈等信息进行汇总、统计，然后进行画像。和一般的大数据分析所不同的是，人工智能具备一定的学习能力和思考能力，其分析出的结果往往更接近消费者的真实想法。这样一来，无论是商品的改进还是服务的优化，都变得有迹可循。

新技术正在给各行各业带来巨大冲击，也把零售业推到了风口浪尖。零售业正处在变革的前夜，今后会走到哪里去？下一个10年到20年，零售业将迎来第四次零售革命。这场革命改变的不是零售，而是零售的基础设施。零售的基础设施将变得极其可塑化、智能化和协同化，推动"无界零售"时代的到来，实现成本、效率、体验的升级。我们即将跨入的智能时代，降本增效、提升体验的方式将变得完全不同，这也是未来零售业创新和价值实现的机会所在。今天服务于京东体系的功能业务未来会逐渐模块化、市场化，从一体化走向开放。同时，各个模块之间的组合又会极其灵活，可以像积木一样进行适应性建构，满足合作伙伴差异化的需要。我们会与整个行业一起推动效率、体验的升级，共同构建未来的零售生态。

这是京东看到的零售的未来。

发展品质经济的策略

采集"他山之石"

考量美、德、日等制造强国的产业发展历史,我们看到它们也都经历了一个由小到大、由弱变强的过程。从中得出一些有参考价值的启示。

19世纪90年代初,德国百废待兴。在英法等先进国家产品的挤压下,德国制造业也企图走低价策略,但是受到了其他国家的联合抵制。无奈之下,德国去美国学习,发现美国工业品的科技含金量最高。于是,德国开始大力促进应用科学的发展,在半个世纪的时间里将世界一流的科学家队伍、工程师队伍和技术工人的队伍整合在了一起,领导了"内燃机和电气化革命",使德国工业经济获得了跳跃式的发展。

"二战"后,日本的制造业严重滞后,日本企业的低价策略同样受到了层层阻碍。为了发展民族企业,日本不断寻求新的出路。美国管理学家戴明的质量管理思想非常适合日本企业,日本企业运用戴明循环取得了产品质量的飞跃。

日本工业的迅速崛起给美国带来了巨大的压力,美国不得不在产品质量上寻找原因。马可姆·波里奇国家质量奖强调的"定点超越"理论得到了美国企业界的重视:一个企业要想取得进步,就要不断地把本企业的情况与同行业最优秀企业的情况进行对比,以发现差距，然后实施改进。从此，美国的产品质量又重新走上了快速发展的道路。

工业时代各国发展品质经济最重要的一点就是既充分考虑了时代的特点，又充分结合了各国的实情，尤其是将科学的理论同本国的文化有机地融为了一体。

标准和政策引导

品质的发展离不开国家政策的支持和相关标准的指导。纵观世界质量管理的发展历程，先进的管理理念从个别公司扩展到全国企业的重要推手就是政府和行业协会。政府通过制定相关的政策来激励企业学习先进的质量管理理念，并且制定法律法规保护企业的合法权益。政府增加教育和创新研发的支出，为先进管理理念与工业实践的结合提供了必需的人才和劳动力基础。行业协会则在质量管理运动中起到推波助澜的作用，一方面，促进行业的交流与发展，另一方面，制定行业标准，推动行业自律，规范行业秩序。

德国联邦政府对企业创新鼎力支持。德历届政府十分重视制造业的科研创新和成果转化，着力建立集科研开发、成果转化、知识传播和人力培训为一体的科研创新体系。它的最大特色是个人、企业和政府的有机协作：科研人员出成果，企业出资本，国家出政策并负责对企业和科技界进行沟通和协调；企业承担2/3的科研经费，剩下的1/3由联邦政府和地方政府买单。并且，德国长期以来实行严谨的工业标准和客观的质量认证体系，为德国制造业在世界上占据领先地位做出了重要贡献。德国还非常注重推行双轨制职业教育，即由学校和企业联合展开职业教育，学校负责传授理论知识，企业为学生安排到一线实习和培训，政府对数百个职业制定毕业考核标准，以确保所培育的人才能够达到产业所需要的标准。

日本十分注重教育，战后就迅速普及了9年制义务教育，为日本质量管理的成功推行奠定了基础。1946年，日本设立工业标准调查会，对工业标准化这一进入世界市场的必备条件进行研究。1949年实行工业标准化法，次年，日本工业标准标志制度开始实施。该制度规定，对日本工业标准中政府指定品种实行统计质量管理，质量有充分保证，并得到政府承认的企业可以在其产品上打日本工业标准标志 JIS。

精准的供给侧改革

工业时代，面对市场压力的生产商作为主动出击的一方，通过各种方法改进产品质量，降低生产成本，提升顾客的满意度。从全球视角来看，质量管理经历了三个阶段：质量检验阶段、统计质量控制阶段和全面质量管理阶段，每个阶段都有其独特的管理理念和方法。到目前为止，三个阶段的质量管理理念和方法都仍在使用。从质量管理的发展过程我们可以看出，制造业主动提升产品品质的意识对一国制造品质的提升至关重要。

正如习近平总书记在党的第十九次全国代表大会开幕式的报告中指出的，要深化供给侧结构性改革，建设现代化经济体系，必须把发展经济的着力点放在实体经济上，把提高供给体系质量作为主攻方向，显著增强我国经济质量优势。供给侧结构性改革的根本目的是提高社会生产力水平，落实好以人民为中心的发展思想。要在适度扩大总需求的同时，去产能、去库存、去杠杆、降成本、补短板，从生产领域加强优质供给，减少无效供给，扩大有效供给，提高供给结构适应性和灵活性，提高全要素生产率，使供给体系更好地适应需求结构的变化。供给侧结构性改革是一项系统化的、社会化的大工程。但不管在哪个领域、哪个环节，提升品质是开展相关工作的核心原则。最终结果就是生产制造出优质的产品或服务，满足人们日益提升的消费需求。

供给侧改革不仅要求生产制造业要勇于创新、敢于断臂，最终实现涅槃重生，为社会提供优质的产品和服务，商品流通业也必须抓住时机积极地行动起来，构建起完善的流通体系，自觉坚持品质采购理念，与上游优质的制造企业开展有机的协作，把优质的产品高效地交付给广大的品质化消费者。也就是说，供给侧改革将强有力地推动品质制造和品质流通这两个板块的形成，然后与品质消费一起，构建起"品质三角"，从而实现社会化的品质经济。反过来看，当品质经济在全社会得以建立的时候，可能也就是供给侧结构性改革取得全面胜利之日。

打造新时代的企业家精神

既然大国崛起离不开广大的企业，当然也就离不开广大的企业家。企业家精神是引导和支撑企业发展壮大和基业长青的核心驱动力。如果说"冒险"是企业家的本性，"创新"是企业家的武器，"敬业"是企业家的动力，那么"品质"就是企业家的基石。老子说："九层之台，起于垒土。"品质就是企业的"垒土"，无论是新创企业，还是百年老店，放弃品质之日，便是企业轰然倒塌之时。所以，为构建品质经济，推动大国崛起，我们需要一大批，或者说大部分的企业家都能坚定地树立起以品质为基石的企业家精神，将其融入企业文化、员工思想和规章制度，作为企业的行为准则贯彻到每个人的行动中去，成为一种习惯。相信大家都对海尔张瑞敏先生在创业之初怒砸冰箱的故事耳熟能详，但可惜的是这样的企业家在中国还是太少了。如果我们有千千万万个敢于怒砸冰箱的张瑞敏，那么，我们构筑品质经济的梦想就一定能够实现！

《中共中央国务院关于营造企业家健康成长环境弘扬优秀企业家精神更好发挥企业家作用的意见》指出，企业家是经济活动的重要主体，要营造企业家健康成长环境，弘扬优秀企业家精神，更好发挥企业家作用。这个文件引发了企业界的密集聚焦和思考。目前，中国特色社会主义进入新时代，我国社会主要矛盾已经转化为人民日益增长的美好生活需要和不平衡不充分的发展之间的矛盾。那么，什么是新时代企业家精神？

随着我国进入新时代，创新将成为今后经济发展的主要推动力，而企业家正是创新的主要发起者和实践者之一。在突破创新的道路上，只有不断关注品质，致力于产品与服务的精益求精，持续超越自我，持续挑战极限，把创新发展和品质提升作为核心价值，才能打造真正的、经得起时代检验的企业家精神。这种创新发展、坚守品质、追求卓越的企业家精神在社会发展的浪潮中至关重要，它既是履行企业责任、创造价值、回馈社会的不竭动力，也是推动供给侧结构性改革的必要举措，更是践行国家实施创新发展战略的内在要求。

京东已经在自己的业务领域内做出了一些有益的尝试，为改善流通领域的"劣币驱良币"现象发挥了积极的作用。同时，京东也通过数据分享、技术协作和资源支撑，帮助许多上游的供应商企业提升品质。

虚实结合形成品质强国的合力

尽管中国发展品质经济的万里长征才刚刚起步，但依靠全国人民改革开放近40年的努力，我国在世界经济舞台上已经取得了不俗的成绩：中国已经成为制造业大国、世界上第二大经济体，中国的工业产值全球第一；中国已经成为互联网大国，中国网民数量世界第一，中国网络经济总量世界第一，中国已经诞生了京东、腾讯、阿里巴巴和百度等大型互联网企业。这些来之不易的成绩为中国经济未来决胜全面小康奠定了一个不错的基础。

中国经济现在正面临一系列的重大拐点和严峻挑战，如经济增长乏力、资源和环境压力持续加大、人口红利消失、消费结构快速升级、中低端实体产业举步维艰等等。解决这些问题的答案在哪里？答案就是：中国的虚实经济如果能够形成合力，中国经济有望升级为品质经济；如果形不成合力，中国产品依然在拼价格战，中国经济潜在增速无疑将会继续放慢。

今天，我们又一次站在了历史的拐点上。我们将亲历中国由中低收入国家向中高收入国家转变、由制造大国向制造强国转变、由传统经济向数字经济转变等一系列伟大的历史进程。未来中国的经济会走向何方？这取决于我们今天的思考和决策。